本研究获得教育部2012年人文社会科学基金项目："化与认同：思想政治教育实践机制的深层理论探究"（12YJC710070）的资助支持。

思想政治教育研究文库

化与认同
思想政治教育实践机制的深层理论探究

奚彦辉 著

光明日报出版社

图书在版编目（CIP）数据

化与认同：思想政治教育实践机制的深层理论探究 / 奚彦辉著． -- 北京：光明日报出版社，2021.5

ISBN 978-7-5194-5985-7

Ⅰ.①化… Ⅱ.①奚… Ⅲ.①思想政治教育—研究—中国 Ⅳ.①D64

中国版本图书馆 CIP 数据核字（2021）第 076958 号

化与认同：思想政治教育实践机制的深层理论探究
HUA YU RENTONG: SIXIANG ZHENGZHI JIAOYU SHIJIAN JIZHI DE SHENCENG LILUN TANJIU

著　　者：奚彦辉	
责任编辑：宋　悦	责任校对：李小蒙
封面设计：中联华文	责任印制：曹　净

出版发行：光明日报出版社
地　　址：北京市西城区永安路 106 号，100050
电　　话：010-63169890（咨询），010-63131930（邮购）
传　　真：010-63131930
网　　址：http://book.gmw.cn
E - mail：songyue@gmw.cn
法律顾问：北京德恒律师事务所龚柳方律师

印　　刷：三河市华东印刷有限公司
装　　订：三河市华东印刷有限公司

本书如有破损、缺页、装订错误，请与本社联系调换，电话：010-63131930

开　　本：170mm×240mm
字　　数：160 千字　　　　　　　印　张：14
版　　次：2021 年 5 月第 1 版　　印　次：2021 年 5 月第 1 次印刷
书　　号：ISBN 978-7-5194-5985-7
定　　价：89.00 元

版权所有　　翻印必究

序

彦辉曾是我校马克思主义学院的一名教师，是我的属下兼同事。他为人低调，教学认真负责，工作勤奋努力，经常能看到他在博士工作室备课、读书的身影，他的踏实、认真给我留下了深刻的印象。在工作的几年中，彦辉为学院的学科建设及哲学系创建付出了许多辛苦的汗水，这点令我记忆犹为深刻。

该书是他所主持的教育部人文社会科学青年基金项目（2012）的最终研究成果，该书围绕中国传统的"化"育思想及当前多学科共同关注的"认同"问题展开理论建构，对"化"与"认同"这对根本矛盾进行了系统的探索。该书有以下几个方面的亮点。第一，系统地梳理了中国先秦的"化"育思想，对先秦的"化"育观念进行了全面、细致的梳理，这对思想政治教育学科的古代教化论研究或有一定启示。第二，较系统地探讨了思想政治教育领域"认同"概念的特质性维度，对思想政治教育领域的"认同"与其他学科的"认同"进行了区分，并对思想政治教育领域认同研究的现状与趋势进行了梳理与展望。第三，创新性地提出"思想政治教育根本矛盾"这一概念，将"化"与

"认同"这一张力辩证地统一于此根本矛盾中，并对"思想政治教育基本矛盾"与"思想政治教育根本矛盾"进行了异同区分。第四，对思想政治教育领域惯用的"影响"一词进行了观念考古，对"影响"的思想政治教育内涵与启迪进行了分析，这对于思想政治教育学科尤具启示意义。未来的思想政治教育学科确实有必要对日常工作实践、学术常识语境中的话语进行考古分析，进行诠释学的解读，此种溯源或许更能促进学科基础的理论深化与发展。第五，该书还对当前思想政治教育环境的新变化及其可能的思想政治教育困境进行了分析。当前思想政治教育环境的新变化确实需要学界从理论层面进行思考，反思如何在新的条件下实现思想政治教育模式的创造及转变。

以上是本人在通读本书过程中结合多年专业工作及专业研究得出的发现。当然，仁者见仁，智者见智，不同专家学者在阅读过程中或许会有不同的发现，同时也希望，新的视角会为学科发展提供新的碰撞与激发。

最后，诚挚希望彦辉今后能够从事自己的专业，以自己的专业丰养自己的发展，希望他能够研究自己喜欢的课题，享受研究的乐趣。当然还希望他不骄不躁，以自身的专业知识、专业特长充养未来的研究，在此基础上实现自己、收获创造。

是为序。

李庆华

2020年3月7日于哈尔滨

前　言

"思想政治教育"作为一门正式的学科建制在我国已有三十余年的历史，在这三十余年的历程中，思想政治教育的课程名称也发生过若干变化，思想政治教育研究逐渐从松散、青涩、肤泛走向成熟、严谨，思想政治教育的学科建制也逐渐趋于系统、完整。21世纪以来，党和国家给予这个学科越来越多的支持，从学生的考研、就业中可以发现社会对该学科认同度的稳步上升，这些都标志着思想政治教育学科的发展进步。以下，仅就本笔者的自身经历谈一谈对这一学科的认识与理解。

对于思想政治教育学科的接触，首先来自小学时的课程学习。记得小学时，这门课程的名称叫"思想品德"，当时它留给自己的印象主要是教人遵守品德，要有好品德，不做坏事，应当爱党、爱国、尊敬师长、常做"好人好事"。当然，小学时对自己思想塑造影响更大的或许是每学期举行的主题班队会，因为每学期都需要反复排练节目，所以印象犹深。此外，小学时每学期按老师要求进行的"学雷锋""学赖宁""好人好事"活动也给自己留下了深刻印象。当时，自己的一个特别发现是，小学的同学们正义感、道德感十分纯粹、质朴，他们（包括我在内）有着那个年纪、属于那个时代的独特道德理解与道德感。当时他们所表现出的道德理解的质朴与纯真至今令我记忆犹为深刻①。

初中时，对这门课更多的感受是它需要背的知识很多，内容也有些枯燥，其中有些概念、原理在当时理解起来着实困难，也没有得到很好的解答。但为了学习的需要，后来不得不强迫自己背课本、背试题答案。幸好，初三时的于老师对这门课进行了生动精彩的讲授，让我们在学习中增长了见识与乐趣，让我们不再感觉学习这门课是一种痛苦②。高中时，这门课的内容更加深化与细致，尤其是马克思主义哲学原理部分，让我这个没有接触过课外书香的孩子发觉理解世界的奥妙。而高三班主任陈老师对这门课的精彩讲授，更极大地提高了我们学习这门课的兴趣③。

当然，与这个专业更具体的接触是大学被调剂到这个专业，从事这个专业的学习。但实事求是地说，大学期间虽接受了四年的专业学习，

---

① 至于当下同样年龄段或学龄段的孩子们是否会表现出同样的道德理解、道德表现、道德感，或许不能简单地加以类推。毕竟时代与社会的发展速度太快，每个时代都有它自身的特点，每个时代的人也有自身的特点。
② 虽然，对这门课的学习仍然是以背和记忆为主。
③ 叙述上述经历，一是回忆自己对这门学科的早期理解。二是期待，此或可作为一种路径以探究思想政治教育的效力，评价、分析各个阶段的孩子们对这门学科的理解与接受状况。从中，既可以通过一代人所亲身接受的教育，从客体层面描绘思想政治教育学科发展情况；又可通过对这种经历的描述，发现并省思以往思想政治教育教学、思想政治教育工作实践中存在的问题，发现学生（或客体）在思想政治教育学习中存在的典型心理障碍及其产生的原因，继而为理论反思提供经验素材。当然，每一代人都有其成长、生活的时代背景与独特经历。因此，反思一代人所经历的思想政治教育历程、一代人所接收的思想导引经历或可对思想政治教育的学科史研究提供一个新的视角。

但本人的专业素养方面并不够好，没有很好地利用时间充分地阅读、学习。若干年后，因为不经意的偶然以科技哲学的名义，进入哈尔滨理工大学马克思主义学院工作，后来根据工作安排不得不从事公共课的教学工作。回顾工作的最初两年，无论备课、写论文都费了异常大的力气，又深感自己没有这方面的材性与才气。后来，虽然发表了若干论文，并侥幸申请到一个课题，但实事求是地说这与自己的本科专业经历、专业素养关系并不大①。既然从事了这方面的工作，就须尽自己的努力，努力备课，努力地做好本职工作。但是在讲课的过程中渐渐发现一些问题：如许多学生对公共课提不起兴趣，有的学生存在抵触情绪，或认为此类课程过于说教、空泛，认为没有可见的实际用处等。这些都令我思考，使我意识到思想政治教育过程中的确存在"化"与"认同"的矛盾。因之，如何从理论层面进行反思，以便更好地促进化育实践；如何更好地促进学生的认同，促进客体的认同，发现阻抑学生认同的微秘性因素；如何实现客体的观念转化，如何理解学生在受教育中的情绪情感问题。这些都构成本书立身的现象起点，也是本研究得以展开的问题意识。

此书是笔者主持的教育部 2012 年人文社会科学青年基金项目"化与认同：思想政治教育实践机制的深层理论研究"（12YJC710070）的研究成果。该书所探讨的问题不能简单地以"教育—接受"这样肤泛的字眼替代，毕竟"化"不等同于"教育"，"认同"也不应等同于

---

① 此处并不是说我的大学老师教得不好，大学期间确有许多优秀的老师。有的老师讲课极为精彩、流畅，有的老师讲课极具感染力，有的老师讲授思维十分清晰，而有的老师授课甚至已臻化境。唯一遗憾的是，自己未能形成这方面的专业兴趣，加之资质愚钝，未有好的专业领悟。

"接受",细微的差异中定包含更多需探讨的问题、需揭示的机制、需发现的规律。当然,需要实事求是地承认本研究尚有许多不足,如对实践机制的揭示不够全面深入,缺乏经验材料的支撑。这些既与本人对马克思原典文献研读不够有关,亦与本人实践能力的局限不可分,当然更与本书缺乏足够的经验调查有关。对于这些不足,衷心恳请相关专家、学者指正,恳请具备实际工作经验的人士多提宝贵意见。在此,仅希望本书的出版能起到抛砖引玉的作用,期待各位先进与俊杰能够出版更具创造力、更加严密系统的研究,做出更有见地的创见与发现。

目 录
CONTENTS

导 论 …………………………………………………………… 1

第一章 思想政治教育学科发展的历史回顾与理论反思 ……… 3

第一节 思想政治教育学科创制目的与背景的历史回顾 …… 4

一、"思想政治教育"学科创立的背景 ……………… 5

二、"思想政治教育"学科创立之目的 ……………… 8

第二节 思想政治教育学科的发展历程概览 ………………… 12

第三节 思想政治教育学科发展过程中存在的主要问题 …… 19

第四节 思想政治教育学科发展面临的危机与挑战 ………… 25

第五节 思想政治教育之主旨重谈及理论深化的必要性 …… 27

一、"思想政治教育"的主旨深谈 …………………… 28

二、思想政治教育理论深化的必要性 ………………… 30

第六节 以"化与认同"探究思想政治教育实践机制的意义 …… 31

第二章 "化与认同"——思想政治教育学科的"根本矛盾" …… 33
第一节 思想政治教育本质上是一项教化与化育的事业 ………… 34
第二节 认同与否——思想政治教育效果达成的评判标准 ……… 39
第三节 思想政治教育"基本矛盾"与"根本矛盾"之辩证关系 …… 41
一、"思想政治教育基本矛盾"与"思想政治教育过程基本矛盾"之区分 ………… 41
二、"思想政治教育基本矛盾"的主要观点 ………… 44
三、思想政治教育"根本矛盾"与"基本矛盾"的关系厘正 ………… 46
第四节 思想政治教育"根本矛盾"理论的内涵分析 ………… 47

第三章 "化"及思想政治教育学科的"化"之理解 …… 53
第一节 "化"及"化"之观念的思想考古 ………… 53
一、"化"字的古义梳理 ………… 54
二、三种"化"之区分 ………… 61
第二节 传统"化"之观念的思想政治教育启迪 ………… 64
一、中国古代的教化传统 ………… 65
二、"人性可化"的理解 ………… 67
三、"化"的方式与方法 ………… 69
四、"化"与经历 ………… 74
第三节 思想政治教育学科中的"化"之独到内涵 ………… 75
一、"化"作为"影响"的理解 ………… 76
二、"影响"之思想政治教育内涵与启迪 ………… 87

第四章　"认同"及其思想政治教育内涵 ⋯⋯⋯⋯⋯ 90
第一节　多学科领域中的"认同"概念梳理 ⋯⋯⋯⋯⋯ 90
第二节　三十年来思想政治教育领域的认同研究评论 ⋯⋯⋯ 94
　一、思想政治教育认同研究的历史特点分析 ⋯⋯⋯⋯⋯ 94
　二、思想政治教育领域认同研究的现状分析 ⋯⋯⋯⋯⋯ 96
　三、当前思想政治教育领域认同研究的弱点及不足 ⋯⋯⋯ 97
　四、思想政治教育领域认同研究的未来前瞻 ⋯⋯⋯⋯⋯ 99
第三节　思想政治教育领域"认同"概念的理论探讨 ⋯⋯ 100
　一、思想政治教育领域"认同"概念的四重特质性维度 ⋯⋯ 101
　二、"文化认同"与"内隐认同"的重要作用 ⋯⋯⋯⋯ 110
　三、"认同"在思想政治教育学科中的重要意义 ⋯⋯⋯⋯ 116

第五章　"化与认同"与思想政治教育实践机制的内在关联 ⋯⋯ 117
第一节　思想政治教育实践机制的相关理论探讨 ⋯⋯⋯⋯ 118
　一、思想政治教育实践过程 ⋯⋯⋯⋯⋯⋯⋯⋯⋯⋯⋯ 118
　二、思想政治教育实践机制 ⋯⋯⋯⋯⋯⋯⋯⋯⋯⋯⋯ 122
　三、实践过程、实践主客体、实践效果与实践机制之关系 ⋯⋯ 126
第二节　"化与认同"与思想政治教育实践过程中主客体的
　　　　　对立统一 ⋯⋯⋯⋯⋯⋯⋯⋯⋯⋯⋯⋯⋯⋯⋯ 128
　一、思想政治教育过程中的"化" ⋯⋯⋯⋯⋯⋯⋯⋯ 129
　二、思想政治教育过程中的"认同" ⋯⋯⋯⋯⋯⋯⋯ 130
　三、"主体之化"与"客体之认同" ⋯⋯⋯⋯⋯⋯⋯ 135

第三节　客体认同作为思想政治教育实践效力的评判标准 …… 137
一、个体思想现状及其前在预估的重要性 …… 137
二、"认同"与个体思想形成的内在关联 …… 138
三、认同深度、认同广度及认同持久度的检视 …… 142

第六章　当前思想政治教育环境的新变化及其所致的教育实践困境 …… 144

第一节　当代社会加速变迁的根本原因探讨 …… 145
一、技术发展的指数化及其引生的社会变迁 …… 145
二、技术革新所引发的影响与冲击 …… 148
三、资本与商业在世界范围内的扩张 …… 151

第二节　当前思想政治教育环境的新变化 …… 153
一、全媒体时代信息的复杂交织 …… 153
二、商业化社会所致的以利为利 …… 156
三、消费社会所致的迷狂与异化 …… 158
四、唯乐时代的"娱乐至死" …… 160

第三节　思想政治教育环境变化所致的教育困境 …… 162
一、家庭的变化 …… 163
二、学校与教育的新变化 …… 166
三、不确定因素的增加 …… 172

第四节　"化与认同"视域下思想政治教育实践机制的优化路径与方法 …… 174
一、整合资源，凝练理论，促进思想政治教育理论的深刻性和易认同性 …… 175

二、因人因时，采用多维化育化导方法，提高教化的平实性与
　　可认同性 ………………………………………………… 178
三、适时调研客体的思想认同状况，深入分析客体认同困难
　　产生的原因 ……………………………………………… 179
四、深化对于客体认同形成的机制分析，继之采取积极有效的
　　化导策略 ………………………………………………… 180

余　论 ……………………………………………………………… 183

参考文献 …………………………………………………………… 187

后　记 ……………………………………………………………… 205

导 论

"思想政治教育"乃是20世纪80年代中期在我国新兴起的一门以实践为导向,以服务于主流意识形态及政治教化为目标的本土学科。不同于单纯的人文及社会学科(法学、经济学除外),"思想政治教育"除了要进行学科知识及理论的探求外,更主要的是以实践为旨归。具体而言,"思想政治教育"学科之创立,是与中国共产党建党以来思想工作、政治工作的经验实践及其传承分不开的。中华人民共和国成立以来,这种工作实践又是为我国政治稳定及社会和谐而服务的。从某种意义上讲,它还包含了中国古代的教化传统在新时期、新条件下的一种实践转换与创新,只是采用的资源、实践的主体、运用的方式与古代已大不相同。截至目前,"思想政治教育"学科从创立到发展至今已有三十余年的历史。相较于国内其他较为成熟的人文及社会学科,"思想政治教育"作为一门"正式学科"的历史无疑是短暂的,但其传统却是长久的。也就是说,思想政治教育虽然有着长期的过去,但却只有短暂的"历史"。而这个"历史",无疑是就其成为一门"正式学科"的历史而言的。

"思想政治教育"作为一门学科的历史是短暂的,也正因其短暂,所以在成长与发展过程中才有诸多不完善。此种不完善的一个主要表现即是对"思想政治教育作为一门学科"的困惑与质疑。当前，国内的人文社会科学领域对"思想政治教育"作为一门学科的合法性与学科根基存在质疑。一方面，是许多人认为思想政治教育的理论基础过于浅显、空泛，缺乏学科特质性的理论根基；另一方面，则是一些"正规"的人文社会学科对"思想政治教育作为一门专业"的认同度不高。之所以造成这种局面，既有非专业者的"学科偏见"作祟；也与"思想政治教育"学科缺乏自身特质性的深层理论基础有关。而此一问题，实关涉"思想政治教育"学科的合法性及自身发展的生命力，并理应成为思想政治教育学科发展亟待解决的元理论问题。

针对上述问题，如何拓展"思想政治教育"学科的深层理论，如何架构并确立思想政治教育学科的理论特质，这些均构成了思想政治教育工作者所应努力探究的重点所在。正是基于此种问题意识，本研究针对"思想政治教育"学科的深层理论问题，围绕思想政治教育实践过程展开元理论探究。

依本人之拙见，"化"与"认同"构成了思想政治教育学科的根本矛盾，而思想政治教育基本矛盾与根本矛盾又是枝与干、多与一的关系。思想政治教育很多问题的解决都要围绕这个根本矛盾展开，思想政治教育过程中每一实践工作都是对这一问题的具体解决。因之，本研究的核心观点是：思想政治教育实践机制的研究必须围绕"化与认同"这对根本矛盾展开。而且，只有通过主体之"化"与客体之"认同"的辩证统一，才能实现思想政治教育学科元理论的跃迁，才能实现思想政治教育内涵之提升、根基之牢固以及学科之发展。

第一章

思想政治教育学科发展的历史回顾与理论反思

"思想政治教育"作为一门正式的学科建制，乃是基于我国的国家性质、现实状况及社会历史任务而创生的。它的创生及建制是与我党及我国的意识形态宣传及政治社会稳定密不可分地联系在一起的。截至目前，"思想政治教育"学科的正式建制仅有37年时间。在这37年的发展历程中，"思想政治教育"学科取得了一系列的成就，在学科建制、研究队伍、研究成果、工作实践、人员培训等方面都取得了重要成就。但是，在这三十余年的发展历程中，思想政治教育学科仍存在许多不可忽视的问题：学科认同度不高、理论过于空泛、缺乏理论深度、宣传流于形式、忽视客体需要、脱离社会现实等。这些经由学者反思及外行指摘出的"问题"严重影响了"思想政治教育"作为一门学科的独立与发展。尤其是进入21世纪以来，随着技术及经济的快速发展，国际国内环境的新变化以及人们生活环境的快速变迁等都使得"思想政治教育"学科的发展面临严峻的挑战。

因此，正视"问题"，正视危机，迎接挑战，创新理论，就成为学科发展之必需。为了实现"学科"之根本与长远发展，就有必要进行学科的深层理论探究，有必要进行学科元理论层次的问题钻研。此处为了后文更好地展开，首先对"思想政治教育"的学科发展历程、学科发展的阶段与成就，以及学科发展过程中存在的主要问题进行一番基本的回顾。

第一节 思想政治教育学科创制目的与背景的历史回顾

中国共产党自建党以来一直高度重视思想政治教育的宣传与工作实践，并不断在实践中总结经验、凝练理论、深化基础。在共产党长期的革命及建设过程中，思想政治教育一直发挥着重要的作用。具体而言，"思想政治教育"作为一门学科的正式创立，始于20世纪80年代中期，1984年4月13日，教育部正式印发了《关于在十二所院校设置思想政治教育专业的意见》①，标志着"思想政治教育"作为一门专业被正式列入学科专业目录之中。虽然思想政治教育作为一门正式的学科创立于1984年，但是若追溯历史，作为现实工作实践的"思想政治教育"却始于建党之初。

中国共产党创立之初，就高度重视思想工作、政治工作，并在几十年的革命及斗争过程中积累了宝贵的工作经验。正是由于共产党的思想

---

① 朱新均，本刊记者. 开办思想政治教育专业是一项具有历史意义的创举——访问本刊顾问、国家教育咨询委员会委员朱新均［J］. 思想理论教育导刊，2014（4）：4-7.

工作、政治工作之成功与有效，才确保了共产党员及革命群众万众一心，为中华民族复兴做出了艰苦卓绝的努力；也正因为共产党的思想工作及政治工作合民心、顺民意、动民情，才赢得了广大劳动人民的真心拥护与热烈支持，最终取得抗日战争及新民主主义革命的胜利。可以说，中国共产党的思想工作及政治工作经验，是自建立之日起逐步摸索、发展并最终趋于成熟的。

上面之追溯是就思想政治教育学科建立的直接前身而言的。然而若是从中国传统文化的角度进行溯源，早在西周时期，我国就有了礼乐教化的文治传统。西周初期，周公制礼作乐，以礼仪、"人文"化成天下。此种与思想政治教育相似的教化实践在我国先秦时就已产生，而汉武帝"罢黜百家、独尊儒术"之后，儒家的教化模式更是被历朝历代的统治者及儒士所遵行。到了明代，儒家的教化更是达到了新的极致，并与科举制联系在一起。限于本书探究之主旨，暂不对中国古代的教化渊源及源流做梳理考证，对于"思想政治教育"学科创制前的相关历史也暂不进行溯源和梳理，以免冲淡本研究之主题。以下仅对"思想政治教育"学科创制的背景与目的做一简短的历史回顾。

一、"思想政治教育"学科创立的背景

思想政治教育的学科创制是在1976年"文化大革命"结束以后，当时的中国社会正处于去旧迎新的历史关键点与重要转换期，正面临经济发展、社会稳定、人民思想开放、社会秩序维持、社会主义价值如何引领民众思想等一系列难题。

20世纪50年代末一直到"文化大革命"结束以前，"以阶级斗争

为纲"一直是经济及社会生活的主题。在"以阶级斗争为纲"为唯一主导的政治纲领中,思想工作、政治工作具有极鲜明的简单、粗暴、强硬等特点。教育及工作中强加的成分多,而缺乏正规、科学、系统的教育引导及方式化导。可以说,传统的"以阶级斗争为纲"的政治运动给我国的社会、经济及文化生活以极大干扰与冲击,给人们的思想以极大禁锢。当运动式的阶级斗争作为社会生活的常态解体后,整个社会的经济、政治、文化也随改革开放而发生重要变化。在变革与变化的转换过程中,人们的世界观、人生观、价值观也开始产生困惑与认知失调。其中,较有代表性的就是潘晓的《人生的路啊,怎么越走越窄》这篇文章所引发的世界观、人生观的全国大讨论。由于"文化大革命"期间形成的相对稳定的教条性的世界观、人生观、价值观面临解体,许多人产生观望、困惑与迷惘。在旧的世界观体系行将解体时,党和政府高度重视国家社会的稳定、群众力量的凝聚、思想观念的重塑、个体价值观的引领等一系列与思想及政治有关的教育及实践问题。正是在这样的时代背景下,科学、系统的"思想政治教育"学科创制愈发必要。在当时领导人的讲话以及党的一些政策文件中,"思想政治教育"学科创制的必要性有着鲜明的体现。1979年3月,邓小平所做的《坚持四项基本原则》的讲话,更是为"思想政治教育"的学科创立指明了方向。此后,党的十一届六中全会拟定并通过的《关于建国以来党的若干历史问题的决议》,则为思想政治教育提供了理论依据与思想指导。①

"思想政治教育"学科的创立背景是与改革开放以来我国人文社会

---

① 李岩. 改革开放以来思想政治教育历史发展研究的新进展[J]. 思想理论教育导刊, 2008 (12): 27-32.

科学的全面重建分不开的。不同于哲学、社会学、经济学、政治学、法学、心理学之类的既有学科,"思想政治教育"是基于我国本土的政治及社会需要而"后创立"的。不同点在于:哲学、社会学、经济学、法学之类的学科皆是从西方传入我国的,有着学科建制的"合法性",它们在中国发展的过程中主要面临的是本土化问题;而"思想政治教育"则是在以往思想工作及政治工作实践经验的基础上,应我国现实的社会治理及社会教化需要而创立的。正因如此,"思想政治教育"面临的不是像其他学科之类的本土化问题;而是"被认同与否"的学科合法性问题,当然这亦涉及该学科自身的"科学性"问题。因此,对于思想政治教育的科学性探索,理所当然地构成其创立的学科背景。此种背景也就是寻求思想政治教育科学化的努力。早在1979年4月17日,《青海日报》就刊登了伍国成的《做政治思想工作要讲科学性》的文章。此后,1980年5月27日至6月6日,"在原第一机械工业部和全国机械工会联合召开的思想政治工作座谈会上,就明确提出'把思想政治工作系统化、理论化,成为一门科学''把思想政治工作形成一门系统的科学'等问题。1980年8月11日,《光明日报》发表严求实的文章《思想政治工作是一门科学》,明确提出'思想政治工作是一门科学'的观点"[①]。以上这些都是寻求思想政治教育科学化的努力,它们为思想政治教育学科的正式创立奠定了重要的基础,并成为日后思想政治教育学科创立的重要基点。

---

① 佘双好,冯茜.思想政治教育学科化发展历程及发展趋向[J].思想理论教育导刊,2014(12):34-41.

二、"思想政治教育"学科创立之目的

"思想政治教育的目的",是思想政治教育学与思想政治教育实践中的一个重要问题。关于"思想政治教育的目的"问题,许多学者都进行过专业的探讨,不同学者的学术理解也存在一定差异。在杨生平看来,"思想政治教育的目的是以观念形态、思想意识形式反映着社会发展对受教育者思想成长的客观要求,体现着社会对所造就的社会个体身心成长、政治思想发展的方向、性质的总的设想和规定,是思想政治教育活动的出发点和归宿点"①。在张耀灿和曹清燕看来,"思想政治教育的本原目的"是"促进人在社会中的生存和发展";"思想政治教育的最高目的"是"促进人的自由而全面发展";"我国思想政治教育的现实目的"是"促进和谐的社会主体之生成"②。闫艳和王秀阁则区分了当前思想政治教育理论界存在的两种互竞的目的观,其中一种是"为了社会的思想政治教育",另一种则是"为了个人的思想政治教育"③。

在田心铭看来,"思想政治教育的目的问题,也就是为什么培养人的问题;思想政治教育的目标问题,也就是培养什么人的问题"④。于成学、吕哲峰和王娟认为,思想政治教育目的是要"在交往实践中促进

---

① 杨生平. 思想政治教育目的及其实现 [J]. 江汉论坛, 2006 (11): 115-118.
② 张耀灿, 曹清燕. 论马克思主义人学视野中思想政治教育的目的 [J]. 马克思主义与现实, 2007 (6): 169-171.
③ 闫艳, 王秀阁. 论现代思想政治教育目的观 [J]. 求实, 2011 (1): 67-70.
④ 田心铭. 简论思想政治教育的目的、培养目标和教育内容——兼评"德育非政治化"的观点 [J]. 思想理论教育导刊, 2011 (6): 88-97.

人的发展"①。余斌则认为,"思想政治教育的目的应当是通过思想政治教育能够做到和实现的东西"。就是要"改造人们的思想和形成人们的某种意识"。"思想政治教育的本质是宣传,是向广大人民群众宣传马克思主义,使人民群众正确了解人类社会发展的规律,了解自己的历史任务和对于资本主义与社会主义所应采取的态度。"②

思想政治教育目的与思想政治教育本质是密不可分的。"思想政治教育主要是与伦理观念、道德品质、政治思想以及行为准则等社会意识有关的教育活动,它通过系统的思想政治理论灌输教育将这些意识传授给教育者,对他们的心理因素和思想等进行干预和影响,并对其进行整合,最终使受教育者在新思想和旧思想的矛盾和融合中,吸纳了新思想的观念,并形成独特的个体意识,真正从内心深处相信并接受这一思想体系,进而提高认识、觉悟,产生正确的政治信仰。"③ 从中可以看出,思想政治教育目的正是从这一本质理解中创生的,是从其中抽象出来的。

在关于"思想政治教育目的"的论述中,笔者更认同杨生平的见解,即"思想政治教育目的的本质是由思想政治教育的本质决定的。思想政治教育的本质是其政治性","思想政治教育目的的政治性主要体现在:一方面,思想政治教育的目的具有政治意识性。思想政治教育目的是把受教育者培养成一定社会或阶级所需要的人,是社会对思想政

---

① 于成学,吕哲峰,王娟. 交往实践活动与思想政治教育目的观的价值审思 [J]. 思想教育研究, 2014 (11): 20-24.
② 余斌. 试论思想政治教育的目的、本质、原则和方法 [J]. 中国高等教育, 2011 (7): 33-35.
③ 赵福奎. 思想政治教育目的及其实现 [J]. 中国教育学刊, 2014 (11): 157-158.

治教育所要造就的社会个体的总体设想"①。当然这一目的是在其政治意志性的前提下产生的。

以上是关于思想政治教育目的的回顾与概览。本节着重探讨的是"思想政治教育学科"创立的目的。必须承认，思想政治教育学科创立的目的与思想政治教育的目的有很大关联，但二者又有一定的差异。思想政治教育学科创立的目的很大程度上是基于思想政治教育目的而来，但它还有更多的现实考虑。在笔者看来，思想政治教育学科创制的一个重要目的，就是创生一种能够传承并发展中国共产党以往思想工作、政治工作优秀经验的体制化载体。"思想政治教育"学科本身是对中国共产党以往优秀工作经验必要的理论化总结形式。自建党之日起到1949年中华人民共和国成立，再到中华人民共和国成立后的几十年，共产党在革命及建设过程中积累了宝贵的思想工作及政治工作经验。在新的历史背景下，如何使这些经验形成理论并发扬光大，就成为一个历史性、时代性的课题。因此，需要一门正式的"学科"载体加以支撑，而这也正是思想政治教育学科创立的一个现实目的。

"思想政治教育学科"创制的另一个重要目的，就是要通过相关教育工作实践实现国家稳定、人民团结，达到人之思想及境界提升，以促进民众对国家、民族、政治、文化的认同。国家稳定，人民团结，人民思想素质、道德素质、法律素质、心理素质提升，能够从根本上凝聚一个国家的力量，提升国家的核心竞争力。为了达到这个目的，仅仅依靠各级各类国家行政机关及有关部门的治理、控制与管理是远远不够的。

---

① 杨生平. 思想政治教育目的及其实现 [J]. 江汉论坛, 2006 (11): 115-118.

同样，简单地依靠以往的思想工作、政治工作的实践经验与技巧亦有局限。以往的工作实践及宝贵经验需要深化与升华，需要适应新的形势并与时俱进。这是因为，缺乏元理论指导的单纯工作经验堆积只能是简单的材料堆砌，远远不能满足改革开放以来国家建设、社会管理及人民思想凝聚的现实需要，亦无法应对这一过程中正面临的或即将面临的复杂多样的问题。20世纪80年代以来，党和国家逐渐认识到创立专门的思想政治教育学科的重要性。1982年，中央组织部和中央宣传部召开全国党员教育工作会议，明确提出"思想政治工作是一门治党、治国的科学"的重要思想[①]。"1983年7月1日，中共中央批准下发的《国营企业职工思想政治工作纲要（试行）》中明确提出'中央和地方要筹办以培养思想政治工作的领导干部为目标的政治院校。现有的全国综合性大学、文科院校，各部、委、总局所属的大专院校，有条件的都要增设政治工作专业或政治工作干部进修班'，要'努力造就一大批思想政治工作能手，一大批精通思想政治工作的专家'。"[②]这些都是基于思想政治教育目的而展开的标志性实践探索。

总之，思想政治教育学科的创立有其重要的时代、社会与学科背景，它的创立有着重要的现实考量和预期目的。而且，"思想政治教育"的学科创立经历了不断变化的发展过程。在"思想政治教育"学科形成的过程中，它的名称先后经历了"政治工作""思想工作""思想政治工作""政治思想工作"等变化，最终才形成了"思想政治教

---

① 李岩. 改革开放以来思想政治教育历史发展研究的新进展 [J]. 思想理论教育导刊, 2008 (12): 27 - 32.
② 余双好, 冯茜. 思想政治教育学科化发展历程及发展趋向 [J]. 思想理论教育导刊, 2014 (12): 34 - 41.

育"这一确定的名称。而所谓思想政治教育,就是"社会和社会群体用一定的思想观念、政治观点、道德规范,对其成员施加有目的、有计划、有组织的影响,使他们形成符合一定社会或一定阶级所需要的思想政治品德的社会实践活动"①。在这个典型的定义中,我们能够清楚地看到思想政治教育的双重要素,也即主体的影响施加以及客体的内化认同,二者缺一不可,它们具体的、历史的辩证统一构成了真实的思想政治教育过程。

要言之,思想政治教育的学科确立及建制有其特殊的时代与社会背景,是与协助国家、参与治理与化导民众的特定目标联系在一起的。思想政治教育学科一经确立,就在各级各类的学校尤其是大学中稳步地发展起来,并取得了许多宝贵的成就。

第二节 思想政治教育学科的发展历程概览

探究"思想政治教育"的学科建制历程有其现实的必要。只有对思想政治教育学科从无到有的历程有基本通彻的了解,才能更清楚地认识思想政治教育的本质与根本矛盾。

"思想政治教育"作为一门正式的学科,自其建立之日起到现在已经走过三十余年的历程。在三十余年的发展历程中,无论是思想政治教育的分支学科、研究队伍、研究成果、学科建制、工作实践、刊物出版

---

① 杨威. 思想政治教育发生的历史考察 [J]. 思想理论教育, 2007 (6): 15 – 20.

还是社会影响等方面都取得了重要成就。为了更加清晰地理顺"思想政治教育"学科的发展特点及存在的主要问题，有必要对三十余年来"思想政治教育"学科发展的历程进行一番简要的回顾。

如前所述，"思想政治教育"作为一门学科正式创立于1984年。其标志是1984年4月13日教育部印发的关于清华、南开、复旦等12所大学设立思想政治教育专业的文件。"1984年9月，清华大学、南开大学、复旦大学、武汉大学、东北师范大学、陕西师范大学、华东师范大学、华中师范大学、西南师范学院（现西南大学）、北京钢铁学院（现北京科技大学）、上海交通大学、大连工学院（现大连理工大学）首批12所院校设置思想政治教育专业并于当年招收本科生。同年，在清华大学、北京钢铁学院（现北京科技大学）、北京师范学院（现首都师范大学）、大连工学院（现大连理工大学）、西安交通大学、浙江大学招收第二学士学位生；在部分高校中还开办了专升本的本科班。1988年，复旦大学、南开大学、武汉大学、清华大学、西安交通大学、浙江大学、华东师范大学、华中师范大学、大连工学院（现大连理工大学）、北京钢铁学院（现北京科技大学）首批招收硕士研究生。1996年，武汉大学（与华中师大联合）、人民大学、清华大学（与北钢院、北师院联合）三校设置博士点，正式开始培养博士生。至此，思想政治教育学科建立了完整的学位体系，一个完整的学科专业立于我国高等教育学科专业之林。"[①]发展至今，"思想政治教育"学科建设已取得一系列成就，这突出表现为学科专业的规模发展与主要研究方向的确立巩

---

① 朱新均，本刊记者. 开办思想政治教育专业是一项具有历史意义的创举——访问本刊顾问、国家教育咨询委员会委员朱新均[J]. 思想理论教育导刊，2014（4）：4-7.

固方面。在专业规模发展方面,按照邱柏生教授在一次访谈中所引的数据,"据截至 2012 年底的不完全统计,全国各类高校中设置马克思主义一级学科博士点的院校有 35 所,有思政专业二级学科博士学位授权点的学校近 80 个,思想政治教育专业二级学科硕士学位授权点超过 350 个,成规模的高校几乎都有思想政治教育硕士点,据说思想政治教育专业本科点有 260 多个,全国一般的师范院校都有思想政治教育学科的本科学位"①。到目前为止,思想政治教育学科的专业设置与发展只会有更大的规模,这已成为一个总体性的、学界皆知的事实。在理论研究方面,创生的研究方向有:思想政治教育学原理、思想政治教育方法论、思想政治教育史、思想政治教育心理学、思想政治教育交叉研究与比较思想政治教育学,在这些方面涌现出大量研究成果。

谈到"思想政治教育"的学科发展历程,不可避免地要涉及历史分期或发展阶段问题。关于"思想政治教育"的历史分期,很多学者都进行过专业的区分。当然,这些分期大多是从中国共产党建党之日算起的。为了研究的清晰性,本书对"思想政治教育"学科创立之前的历史暂不做回顾,只对学科正式建立后的历史进行探讨,以便更符合本研究的论旨。具体而言,李岩(2008)将学科建立后的思想政治教育划分为社会主义市场经济建立过程中思想政治教育的新探索、全面建设小康社会中思想政治教育的与时俱进时期两个阶段。② 郑永廷先生(2002)将"思想政治教育"学科的发展分为学科主体确立阶段、分支

---

① 李敏. 思想政治教育学科发展的历史回顾与前瞻——复旦大学邱柏生教授访谈录[J]. 思想政治教育研究,2014 (6):13 - 16.
② 李岩. 改革开放以来思想政治教育历史发展研究的新进展[J]. 思想理论教育导刊,2008 (12):27 - 32.

学科发展阶段、综合深化发展三个阶段。按照郑先生的描述，这三个阶段的发展特点如下：

  在学科主体确立阶段，主要是探索学科主体理论框架与学科基本理论，在继承党的思想政治工作理论的基础上，结合改革开放的实际，确立了学科的理论体系与主干课程，编写出版了主干课程教材——《马克思列宁主义思想政治教育理论基础》《思想政治教育学原理》《思想政治教育方法论》《思想政治教育史》。这些主干课程与教材，经过几次修改与充实，不断完善、提高，经实践检验是有生命力的。

  在分支学科发展阶段，主干课程从不同层面延伸，形成了几种类型的分支学科。理论观念方面的分支学科的教材主要有《唯物史观通论》《政治观通论》《人生观通论》《道德观通论》，这些教材是《思想政治教育学原理》的扩展，在理论上几乎覆盖了马克思主义唯物史观的全部内容，在知识上借鉴了多门相关学科的资料，在实践上始终围绕人的正确思想的形成与发展展开，充分体现了思想政治教育学科的理论性。教育方法方面分支学科的教材主要有：《青年学概论》《思想政治教育案例教学》《思想政治教育心理学》等，这些教材是《思想政治教育方法论》的具体化，围绕教育对象的认识、心理、发展过程展开，具有现实的可操作性，充分体现了思想政治教育学科的应用性特点。思想政治教育社会学方面的教材主要有《比较思想政治教育学》《社会思潮与大学生思想政治教育》等，这些教材围绕思想热点、焦点和思想教育的普遍性与特殊性展开，拓展了思想政治教育的领域与视野。

综合深化发展阶段是在《马克思主义理论与思想政治教育》专业博士点批准之后的几年。这一阶段发展的特点是，思想政治教育学的理论与方法，通过人才培养、培训和教育者学习、研究等途径，向理论教育与各种不同类型的思想教育的扩展、渗透，扩大了思想政治教育学科成果在高校思想政治教育与社会思想政治工作中的运用，带动并促进了各种内容的政治教育、思想教育、道德教育，以及各种途径的理论教育、实践教育、活动教育的学科化与科学化。同时，其他学科，如教育学、管理学、心理学、文化学等学科的专家，与思想政治教育学的专家相结合，进行学科之间的交叉与渗透，形成了一些富有特色的探索领域与研究成果，如以弘扬、开发我国传统文化为特色的思想政治教育文化学；以研究人的全面发展为重点的人格发展理论与方法；以探讨思想教育与行政管理相结合为基点的思想政治教育管理学；等等。扩展渗透与交叉渗透所形成的研究成果，推进了思想政治教育学科的普及与深化，为思想政治教育学科的发展与发挥作用提供了广阔的空间，体现了思想政治教育渗透性与思想政治教育学科的综合性特点，显示了思想政治教育学科的生命力。[①]

按照佘双好和冯茜的划分，思想政治教育学科建制后的主要历程可分为：第一阶段，1977—1984 年，思想政治教育科学化阶段（此部分

---

① 郑永廷. 思想政治教育学科发展的历史与现状——兼论思想政治教育学科基础理论的发展 [J]. 思想教育研究, 2002 (6): 9-13.

内容前文已述)。第二阶段,1984—1987 年,思想政治教育专业化阶段。其标志是教育部印发的 12 所院校设立思想政治教育专业的文件,以及 1984 年 9 月份本科生入校。第三阶段,1987—2005 年,思想政治教育学科建设阶段,具体表现为相关院校设立了思想政治教育学科的硕士及博士点。具体而言,1987 年 9 月 20 日国家教委印发《关于思想政治教育专业培养硕士研究生的实施意见》的通知,标志着思想政治教育进入学科发展阶段。1995 年,国务院学位委员会和国家教委颁发《博士、硕士学位和培养研究生的学科、专业目录》,在法学、政治学一级学科中设置了马克思主义理论与思想政治教育专业和相应专业硕士点、博士点。1996 年批准武汉大学、清华大学增列"马克思主义理论与思想政治教育"博士学位授权点。中国人民大学马克思主义原理博士点调整为"马克思主义理论与思想政治教育"博士点。第四阶段,自 2005 年至今,是思想政治教育作为独立二级学科的发展阶段。以 2005 年国务院学位委员会《关于调整增设马克思主义理论一级学科及所属二级学科的通知》(以下简称《通知》)为标志,思想政治教育学科建设进入马克思主义理论学科目录下独立二级学科发展阶段。"目前,思想政治教育专业共有博士学位点 75 个,硕士学位点 322 个,本科专业 233 家。""改革开放 30 年,思想政治教育实现了由'工作'到'科学'、到'专业'、到'学科建设'、再到马克思主义理论一级学科目录下独立二级'学科'的跨越。"①

谢晓娟和李文苓将三十余年来思想政治教育的发展特点做了总结,

---

① 余双好,冯茜. 思想政治教育学科化发展历程及发展趋向 [J]. 思想理论教育导刊,2014 (12):34-41.

认为三十余年来的"思想政治教育"相较于中华人民共和国成立以来的"思想政治教育",其特点主要体现在四个方面:(1)从"静态的经典宣讲"到"鲜活的理论应用",体现为思想政治教育的理论变迁;(2)从"工具性"到"主体性",体现为思想政治教育目标指向的变化;(3)从"运动式"到"社会化",体现为思想政治教育方式的变化;(4)从"封闭性"到"开放性",表现为思想政治教育视野的变迁。① 刘波认为,随着中国现代化进程的逐步推进,改革开放以来"思想政治教育方式也更加人性化、灵活化、多样化和平等化,这实际上是现代教育结构逐步形成的过程"②。

总之,三十余年来思想政治教育学科不断在实践中提取经验,广泛汲取其他学科的先进成果,在理论形成、方法挖掘、学科建制、成果取得等方面都有了极大的提高,在理论教育、实践展开等方面都取得了重要进展。"思想政治教育"的学科建制历程,既是对中国共产党成立以来中国革命及建设过程中思想、政治工作的经验总结,又是对中华人民共和国成立以来思想政治教育工作的理论提升。在三十余年的历程中,"思想政治教育"学科取得许多重要成绩,"思想政治教育"也成功地完成了许多重要的历史使命。回顾三十余年的发展历程,思想政治教育学科取得的成绩是主要的,贡献与成绩占主要方面,但我们不能无视也不应忽视思想政治教育学科建设过程中存在的种种问题。

---

① 谢晓娟,李文苓. 中华人民共和国成立以来思想政治教育的历史变迁与新的历史使命[J]. 教学与研究,2010(5):74-80.
② 刘波. 论思想政治教育的历史——结构化建构[J]. 思想教育研究,2010(9):25-31.

第三节　思想政治教育学科发展过程中存在的主要问题

"思想政治教育"学科自确立到发展至今，已取得许多重要进展，但同样需引起重视的是，在三十余年的发展历程中，"思想政治教育"学科依然存在很多问题。这些问题如不及时有效地解决，势必危及"思想政治教育"学科的专业认同度及未来发展。因此，系统梳理并反思"思想政治教育"学科发展过程中存在的主要问题至为关键。

在探究思想政治教育学科存在的问题前首先需要说明的是，"思想政治教育"并非已有的成熟学科，不同于哲学、政治学、经济学、社会学等西方既有的现成学科，它没有西方已有的知识体系及经验框架可以照搬、引进、学习。在中华人民共和国成立前后的很长一段时间，我国都没有这一学科，只是到了1984年才正式建立起来。虽然思想政治教育工作的很多经验、方法在中国共产党建立后就已有效存在，并累积起宝贵的经验，但不得不承认的是，这些都是与以往的社会时代与政治社会背景联系在一起的实践经验，缺乏系统完整的形式来统领与架构零散的经验，亦尚未形成完整的知识系统。无论在工作实践，还是在学科建设、理论发展方面，"思想政治教育"学科都存在很多重要的问题。这些问题如不予以有效解决，其学科合法性问题就无法得到完整确认；学科的受众与认同就依然成为问题；"思想政治教育"在外人眼里就依然是一门弱势学科。

关于思想政治教育发展过程中存在的问题，以往很多理论工作者都进行过分析与归纳。郑永廷先生对"思想政治教育"的学科发展困境进行了总结。第一，思想政治教育学科的"科学性"问题。也就是在这三十余年的发展历程中，不断有人质疑"思想政治教育"学科的科学性。第二，思想政治教育学科理论的滞后问题。即认为相较于时代与社会发展，思想政治教育的理论、方法等较为落后，其有效性也面临挑战。第三，在学科建设过程中，人们对思想政治教育的本质属性、功能属性、社会属性认识不一，很多人往往用管理学方法、心理学方法、文化学方法等来等同或替代思想政治教育方法的问题。此外，郑先生还总结出，研究者或工作者往往"侧重于思想政治教育某一要素的作用，忽视思想政治教育的复杂性与整体性研究；注重教育主体的理论、知识、方法的传授性过程，忽视教育客体的情感、意志、思想的形成性过程；强调思想政治教育的传统性，忽视思想政治教育的现代性"①。

邱柏生教授在《思想政治教育学科建设中的问题意识及对象》一文中，将思想政治教育学科建设的问题归纳为以下几个方面："有专业缺学科""有规模缺质量""有队伍缺领军""有成果缺精品""有教学缺训练""有科研缺创见""有思想缺学术""有诠释缺批判""有道理缺市场"②。在另一篇论文中，邱柏生教授还指出，思想政治教育方式方法方面存在的问题主要为"非累积的政治社会化，硬灌输，重宣传

---

① 郑永廷. 思想政治教育学科发展的历史与现状——兼论思想政治教育学科基础理论的发展 [J]. 思想教育研究, 2002 (6): 9-13.
② 李敏. 思想政治教育学科发展的历史回顾与前瞻——复旦大学邱柏生教授访谈录 [J]. 思想政治教育研究, 2014 (6): 13-16.

而不重教育渗透,等等"①。

王恒亮和孙其昂则将"思想政治教育"的主要问题归纳为:第一,对思想政治教育的定位缺乏制度性保障,存在摇摆不定的倾向。"对思想政治教育缺乏客观的认识和分析,党在历史上犯过片面夸大和忽视否定思想政治教育作用的错误。""否定、贬低和忽视思想政治教育工作。"② 第二,过于强调社会需要,忽视个体的主体价值,宣传及教育缺乏科学性和说服力。第三,理论研究滞后,思想政治教育缺乏科学性和说服力的思想。

在佘双好、冯茜看来,思想政治教育学科化过程中的问题包括"科学化不足、学科与专业划分不够、队伍建设与学科建设脱离以及学科马克思主义属性不足等问题"③。

王习胜则认为,思想政治教育过程过于忽视客体作为"人"之情感、需要、自尊、主动性导致对客体之人的精神性内伤。"这种精神性内伤主要表现在如下方面:人格自尊受到压抑;长期缺乏精神平等待遇而导致心理腻烦;由于灌输的作用领域主要在于人们的认知领域,而与情感与意志的发育缺乏直接关联,因而导致对人们的情感世界关怀贫乏,久而久之,人们的情感世界发育变得单调空乏,大量孕育出敌视、冷漠、孤僻等病态性情感,缺乏热情、体恤、关爱、同情、感恩等人类

---

① 邱柏生. 试论思想政治教育工作的历史转型 [J]. 理论探讨, 2009 (3): 115 - 119.

② 王恒亮, 孙其昂. 中国共产党思想政治教育历史回顾 [J]. 思想教育研究, 2008 (5): 27 - 29.

③ 佘双好, 冯茜. 思想政治教育学科化发展历程及发展趋向 [J]. 思想理论教育导刊, 2014 (12): 34 - 41.

社会公共生活所必需的情感品质,更遑论高级情感的发育,如责任感、使命感、义务感,对理想的追求,对信念的忠贞,等等。"①

以上是一些学者对"思想政治教育"学科存在问题的分析与梳理。笔者在借鉴以往学者观点的基础上归纳与分析,将思想政治教育学科建设及实践工作中存在的问题归纳为以下几个方面。

第一,思想政治教育学科的理论建设问题。此方面的问题突出表现为思想政治教育学科往往过多地照搬其他临近学科的理论,在学科基础理论的建构上存在简单拼凑、组装的倾向,缺乏连贯性、系统性;缺乏具备自身特质性的深度内涵,表现为思想政治教育的基础理论不够坚实。"思想政治教育"学科发展至今,虽然有学者不断创造出思想政治教育的主客体理论、环体理论、介体理论、资源论等诸多理论,在分支学科方面也有思想政治教育心理学、思想政治教育方法学、思想政治教育社会学等,较改革开放以前有了很大的提高。但我们不得不承认的是,目前思想政治教育很多理论还存在表面化、肤浅化、牵强化等缺点,表现为空洞说教、牵强附会色彩过浓。这些都是专业理论工作者所应努力解决的。

第二,思想政治教育工作的方式与方法问题。思想政治教育的方法在一定程度上沿袭了早前的宣传灌输模式,生硬强加的色彩依然存在。对受教育者的内心情感、思想状态、内在需求等关注不够,往往自说自话、主体独白,缺少对话,缺乏主客体之间交融的主体间性。在教育过程中,工作者往往流于形式,具有空泛说教的特点。许多思想政治教育

---

① 邱柏生. 试论思想政治教育工作的历史转型 [J]. 理论探讨,2009 (3):115-119.

工作者对理论理解浅显、粗疏,在讲授过程中,存在走形式、走过场等现象。这些都是需要在今后的工作中加以克服与改进的。

第三,思想政治教育的专业认同问题。"在一些外界学者看来,由于思想政治教育这一学科过多地移植了其他学科的理论资源与方法资源,如教育学、管理学、文化学、心理学等,没有一套系统的深层理论与科学方法体系作为支撑,加之以往思想政治教育从业人员的庞杂性、不专业性,以及以往理论研究的空泛性、不系统性,使得思想政治教育面临着学术合法性危机。"①在国内,常有对于"思想政治教育是否是一个真正的专业"的质疑。这种质疑,一方面与一些学者的学究气或过度学究气有关。他们往往认为现代西方的学科建制中并没有这一学科,认为思想政治教育的基础理论更多是对其他成熟学科的一种简单借鉴与挪用,缺乏自己独有的理论基础与研究方法。这种质疑,无疑有其现实的基础,与思想政治教育学科自身的发展状况有很大关联。但另一方面,也反映了思想政治教育专业在自身理论基础、学科的科学性、研究方法的独特性、学科分支的系统性、研究成果的专业性等方面存在很大问题。

第四,思想政治教育从业人员的专业素养问题。这一问题很大程度上影响着"思想政治教育"在人们心目中的形象。可以说,"思想政治教育"的从业人员是在当前所有人文社会学科中人员最为庞杂的。思想政治教育学科建立前,从业人员专业素质的庞杂自然不需深究,因为当时正式的学科尚未建立。但问题是,思想政治教育学科建立后的很长一段时间,此种现象依然如故。目前,从事思想政治教育理论及实践的

---

① 奚彦辉. 化与认同:思想政治教育实践机制的深层理论思考 [J]. 华北电力大学学报(社会科学版),2011(2):124-132.

工作人员包括：（1）各级学校的思想品德课教师；（2）高校的两课教师；（3）各级政府及事业单位中的党委及团委工作人员，以及党委宣传人员；（4）高校辅导员；（5）高校行政机构中的相关工作人员等。这些人员在走上这个岗位之前，多是其他学科出身，因为工作需要而从事思想政治教育工作，很多人并没有受过专门的思想政治教育，缺乏系统的马列主义理论学习。有些教育人员"半路出家"，缺乏思想政治教育的理论基础，对马克思主义的经典著作未曾阅读；有些教育人员人文社会科学知识缺乏；有的对思想政治教育的精髓及理念等缺少了解或存在误解，讲述的过程也容易流于表面与形式。还有些从业者本身并不真懂、真信，存在表里不一的现象，所"行"与所"讲"相反。甚至很多人因为"讲授者"的"言""行"不一，"言""行"相反而丧失对"思想政治教育"及其所讲理论的信任。正是由于思想政治教育从业人员之庞杂，水平之参差不齐，思想政治教育的专业性特质很难凸显，思想政治教育的专业同一性也很难形成。这些都深深地影响着思想政治教育学科未来的健康发展。

第五，思想政治教育的效力和效果问题。思想政治教育的效力和效果问题，一直是思想政治教育工作的一个难题所在。尤其是中国实行改革开放以来，整个社会更加多元，人们迅速进入到一个复杂的商业化社会。在这种大转换的态势下，传统的思想政治教育内容与方法，以及经过更新了的思想政治教育内容与方法，在教育及宣传的实践过程中很难获得受教育者的真正认同。尤其是在当下，随着信息社会、网络社会、全媒体社会的到来，思想政治教育的效力与效果问题更是成为一个需要迫切解决的学科根本问题。

第四节　思想政治教育学科发展面临的危机与挑战

以上这些问题是在思想政治教育学科的发展历程中显现出来的，抑或是其所固有的。然而，这些都只能说是"问题"，而不是危机与挑战。因为"问题"是其自身所固有的，或自身存在的，而危机与挑战则很大程度上是外在环境的快速变迁或外在因素影响所致。其中，虽然也有自身的因素，但更主要是就外在因素而言的。

本书所意指的"思想政治教育"学科面临的危机与挑战，主要是指21世纪以来，随着技术、经济的快速发展以及文化的迅速变迁，人们的生活世界样态、思想文化生态、社会经济环境发生剧烈的变化。这些变化迅速而猛烈地影响着人们的思想观念、思维方式、价值取向、接收信息的方式与速度，必然使人们对思想政治教育的接受发生全新的变化，而这种快速的变化，同时也构成了对当前思想政治教育学科的全新挑战。对于社会学、经济学、法学之类的社会学科，这种变化更多是一种机会，是学科"大显身手"的机遇；而对于思想政治教育学科而言，则首先是一种挑战，是对传统的教育—接受、灌输—认同、形式—服从模式的全新挑战。若不能有效应对并顺利解决这一挑战，那么所面临的将是一场危机，而这场危机将动摇学科的生命力。这是因为，社会学、经济学、法学的意识形态性不如"思想政治教育"明显，在对学理探求和理论应用的基础上，很少需要或要求改变学习者或社会大众的世界观、人生观、价值观等。从更大的层面上讲,其他学科多是"价值无涉"①的,或很少致力于影响或改变他人或全社会成员的价值观。

关于"思想政治教育"学科面临的危机与挑战,很多学者都进行过理论探讨。郑永廷先生指出,思想政治教育面临的挑战有:"主旋律教育面临的全球化与民族化的矛盾;社会生活和意识形态领域主导性与多样性的矛盾;人的发展面临的自主性与社会化辩证发展要求的挑战。"② 邱柏生则指出,"时下中国正面临社会全面转型时期,利益多元化、文化多样化、阶层分化和固化并存等问题都反映到思想层面,表现出思想的多元化、多样化与碎片化。思想的多元化也包含着思想异质性甚至对冲性的存在,思想的碎片化造成思想的漂浮,现实问题折射出相关研究的急切性与重要性。如何促进国家认同、政治认同、文化认同,思想政治教育如何在利益分化的情况下凝聚社会共识,这是思想政治教育学科面临的重大问题"③。王习胜从经济全球化、价值多元化、文化

---

① 此处所用的"价值无涉"一语,与心理学和社会学所用的"价值无涉"有很大区别。在心理学及社会学中,"价值无涉"是与"价值中立"在近乎相同的意义上使用的。在这两个学科中,"价值无涉"主要是指学科研究的乃是客观的事实,强调研究者在研究的过程中应当采取价值中立的立场,以免影响到研究结果的客观性。当然,"价值无涉"在这两个学科中的另一重含义是指,由于价值是主观的,很难进行客观的、量化的研究,因此在研究过程中应尽量少触及价值层面的研究。需要指出的是,这两个学科的"价值无涉"与其研究的自然科学情结密切相关。而此处所用的"价值无涉"是相对于"思想政治教育"的学科主旨而言的,是相对于"思想政治教育"所强调的意在影响、作用、导引甚至改变思想政治教育客体的价值观而言的。"思想政治教育"以此为学科之根本宗旨。相较而言,社会学、心理学则无此明显的倾向。价值干涉、价值影响的问题不是社会学、心理学之类学科创办的宗旨。
② 郑永廷. 思想政治教育学科发展的历史与现状——兼论思想政治教育学科基础理论的发展[J]. 思想教育研究,2002(6):9-13.
③ 李敏. 思想政治教育学科发展的历史回顾与前瞻——复旦大学邱柏生教授访谈录[J]. 思想政治教育研究,2014(6):13-16.

多样性融合杂糅等方面入手,探讨思想政治教育面临的挑战。在其看来,经济全球化、文化融合化、价值多元化的时代背景直接构成对当代思想政治教育学科的挑战。王习胜指出,"当代社会是一个经济全球化、文化融合化、价值多元化的社会,是多种社会思潮轮番上场、网络信息无孔不入地影响着人们思想和意向的社会,也是中国社会人民内部矛盾较为突出和尖锐的特殊时期,这种社会境况给思想政治教育提出了新问题"①。孙其昂则指出,思想政治教育在现代转型过程中面临双重压力。其中,"一方面的压力来自社会系统的变迁,它属于思想政治教育的外部存在;另一方面的压力来自思想政治教育系统操作效应,它属于思想政治教育的直接存在"②。

总之,当前思想政治教育学科发展正面临全新的冲击与挑战,这是思想政治教育学科必须面对与因应的,是其回避不了的。后文将详细论述,故此处不再展开。

第五节 思想政治教育之主旨重谈及理论深化的必要性

"思想政治教育"是一门年轻的学科,同时正因为其年轻,所以才更需要进行学科主旨的理论反思,不断深化自身的理论基础。具体而言,"思想政治教育"学科的主旨重谈,又是与它自身的工作目的指向

---

① 王习胜. 思想政治教育方法的历史发展及其当代性问题 [J]. 思想政治教育研究, 2010 (4): 62-64.
② 孙其昂. 论思想政治教育的现代转型——基于社会、历史、系统视野的考察 [J]. 思想教育研究, 2007 (8): 5-9.

联系在一起的。

一、"思想政治教育"的主旨深谈

思想政治教育就其精髓与主旨而言，是一种教化的学问与教化的实践。换成当代的语言，就是通过系统的教育及工作方式，以达至对客体影响施加的一门实践性学科。其中，影响施加就是对客体施以世界观、人生观、价值观等方面的作用、规范与导引，最终意旨是通过作用、宣传、引导、教育、化导、化除等方式促进教育客体的三观改变，继而达到国家稳定、社会和谐、人民素质提升的终极目标。由于"思想政治教育因特定社会阶级统治的需要而产生，阶级性是其本质属性。但作为一项促进'人'自由而全面地发展为最终使命的历史活动，它要在人的发展与阶级统治之间实现平衡"。"思想政治教育的特殊性质决定了它很大程度上由国家、阶级和政党所推动，并通过思想政治教育者、工作者来具体实施。这种动力根源于社会的实际需要，即只有社会本身的内在需要才能推动思想政治教育向前发展。具体来说，它是一定社会的政治统治、社会管理和教育需要的集合。思想政治教育一方面要解决政治统治中的价值引领与意识形态的整合问题……另一方面又要解决社会管理和秩序建构问题。思想政治教育不只是思想的统合，而在于通过教育达到思想认识的提升、价值的认同和行为的规约。"[①]它以社会主义的先进思想引领、化育民众，以此来促进人之提升、社会稳固、国家认同以及力量凝聚。

---

① 谢晓娟，李文苓. 新中国成立以来思想政治教育的历史变迁与新的历史使命 [J]. 教学与研究，2010（5）：74-80.

在谢晓娟和李文苓看来,思想政治教育如果想要实现自身的真正发展,就要推动政治文明的发展,注重培养人的创造性,从多维的视角为政府合法性提供辩护功能。二者认为,"时代的变化促使我们从多个视角审视思想政治教育的合法性功能。首先,思想政治教育要为人们提供现实的目标和对理想的期待,要求思想政治教育既要立意高远,又必须立足于人的发展现实,遵循人的发展规律,循序渐进地促进人的全面发展。其次,思想政治教育同样要有对现实的理性的批判意识,教育青年人形成独立的判断能力、警醒的思维,从而避免盲从和人云亦云。再次,思想政治教育要有忧患意识"。"最后,思想政治教育要有文化的视角。"①

在刘波看来,思想政治教育要想实现自身的真发展,有必要真正做到以下几点,也就是"从说教走向对话,从真理的化身走向时刻面对现实的自省,从无可置疑的理论权威走向波澜壮阔的社会实践,思想政治教育才真正获得不竭的生命源泉"②。

孙其昂则指出,作为一种社会实践活动和社会意识形态,"思想政治教育的本质特征是政治性,思想政治教育根本目标是政治性本质的体现,它所培养的人就是政治人,就是具有所属阶级属性并为所属阶级服务的人。这是思想政治教育根本目标的本质属性和根本归宿,而具体形态有着时代的面貌,体现着思想政治教育根本目标稳定性与阶段性的统一"。"客观上看,思想政治教育的政治本质决定思想政治教育内容具

---

① 谢晓娟,李文苓. 新中国成立以来思想政治教育的历史变迁与新的历史使命[J]. 教学与研究,2010(5):74-80.
② 刘波. 论思想政治教育的历史——结构化建构[J]. 思想教育研究,2010(9):25-31.

有政治性，即政治内容以及以政治性为中心形成内容系统的思想政治教育内容。"①

二、思想政治教育理论深化的必要性

以上是一些学者对思想政治教育学科宗旨的基本认识。在笔者看来，思想政治教育学科建制中存在的这些问题，其根本是由于缺乏坚实的学科理论基础，因而导致学科中的人们对思想政治教育缺乏统一的认识，继而出现各方面的问题，影响着思想政治教育学科的未来发展。

笔者认为，欲解决以往思想政治教育学科建制过程中存在的诸多问题，根本路径就是创建学科的深层理论基础，抓住学科的根本，继而架构思想政治教育的完整体系。而深层理论基础的建立，首先应对思想政治教育的主旨与精髓有深刻的了解。同时，光是单向度地探讨思想政治教育的学科主旨是不够的，对于思想政治教育学科主旨的认知还必须与思想政治教育学科的根本矛盾联系在一起。所谓思想政治教育的根本矛盾，也即"化"与"认同"的矛盾。"思想政治教育根本矛盾"的核心观点认为，思想政治教育本质上是一项教化与化育的事业，思想政治教育的效果如何则要看受教化客体是否认同以及认同的程度。思想政治教育的根本宗旨就是成功解决这对矛盾，以良好的资源、方式、方法最终获得理想的认同效果。正是思想政治教育的根本宗旨及根本矛盾，决定了思想政治教育的理论架构应围绕这个根本矛盾展开。在笔者看来，思想政治教育的精髓在于对"化"与"认同"这对根本矛盾的认知，继

---

① 孙其昂. 论思想政治教育的现代转型——基于社会、历史、系统视野的考察 [J]. 思想教育研究，2007 (8): 5-9.

而通过多种途径实现对现实工作中每一具体矛盾的实践解决。思想政治教育的元理论工作理应围绕这个矛盾展开架构,而探究受教育客体的认同机制及相应的化导策略,也理应成为思想政治教育工作的重心所在,成为思想政治教育理论探究的重点。

具体而言,思想政治教育学科要想实现自身的真正发展,一方面,要提高教化途径与手段的先进性、针对性与有效性;另一方面,则要对客体的认同状况、认同特点、认同机制有深入了解,将化育路径与认同机制有机结合起来,以促进思想政治教育效果的达成。唯有切中思想政治教育的精髓及主旨之后,才能建立坚实稳固的思想政治教育理论系统,才有科学有效的方法之采用,才能有思想政治教育学科的良性发展与广被认同。

第六节 以"化与认同"探究思想政治教育实践机制的意义

如前所述,思想政治教育本质上是一项教化与化育的事业。思想政治教育的工作及教育实践若想真正取得效果,需要得到受教化客体的真正认同。因此,"化与认同"构成了思想政治教育过程中的根本矛盾。而思想政治教育实践过程能否取得预期的效果,确有必要从"化与认同"的角度加以考察。

可以说,思想政治教育的工作实践要想真正取得预期效果,就不能仅考虑"主体之化",还必须考虑"客体之认同";必须结合时代与社会的快速变化,考虑到思想政治教育所面临的全部复杂性;必须考虑到受教化客体的自身特点、认同特点、他们的个体心理需要等全部维度。思想政治教育的真正发展，有必要从教化主体独占话语权的独白，走向与客体相融的对话。因此，若想从元理论层次深化思想政治教育实践机制的理论认知，有必要从"化与认同"相结合的角度考虑思想政治教育的实践机制。从这一角度考虑具有以下几个方面的意义。

首先，有助于从主客体相统一的角度，丰富思想政治教育实践过程复杂性的理论认知，从主客二分走向主体际性。"化与认同"的理论深描有助于思想政治教育走向主体际性的发展之路。

其次，有助于增进对思想政治教育根本矛盾的理论认知。通过系统探索思想政治教育过程中最为根本的矛盾，明确指出"化"与"认同"作为思想政治教育的根本矛盾，对于这对矛盾的深刻认识及有效解决，乃是思想政治教育工作得以升华的关键。其中，"化"是资源、是目标、是方法，同时也是一项系统工程；"认同"是效果、是机制、是认同化导的前提。从思想政治教育根本矛盾的角度探索思想政治教育的实践机制，有助于抓住问题的根本，夯实学科的根基。

最后，有助于丰富思想政治教育的理论基础，丰富思想政治教育的元理论，提升思想政治教育学科的理论内涵与学问层次。通过"化"与"认同"这对思想政治教育过程中根本矛盾的理论分析，深入探究思想政治教育有效进行及需要改进的原则，这对于现实的思想政治教育工作实践或有新的视角启示。

第二章

"化与认同"——思想政治教育学科的"根本矛盾"

思想政治教育学科之立基，乃在于其所意欲解决的"根本矛盾"。思想政治教育的工作实践立基于此，学科的理论架构亦植根于此，而思想政治教育学科亦正是为了解决现实实践过程中的此类具体矛盾而创生。此"根本矛盾"换一种说法亦可描述为"根本问题"或曰"本质"。虽然"根本矛盾"或"根本问题"的概念很少被提及，但是就思想政治教育学科的元理论研究而言，"根本矛盾"及其理论建构却是不能回避的，亦是无法回避的。在以往的研究中，学者们常用"思想政治教育基本矛盾"或"思想政治教育过程基本矛盾"的提法，此类提法虽然与思想政治教育根本矛盾有些相似，但却有很大不同。即虽然有其合理性，并指出了思想政治教育过程中的许多基本问题，但却明显地忽视了思想政治教育学科的特殊性，忽视了思想政治教育学科区别于其他学科的特质所在。因之不得不承认，对于思想政治教育学科"独特性"的认识亟待提升，这不可避免地会涉及"思想政治教育根本矛盾"

的理论认知。

"化"与"认同"乃思想政治教育学科得以确立的根本矛盾,思想政治教育本质上乃为一项教化与化育的事业,而"认同与否"则是思想政治教育实践效力达成的评判标准。主体之"化"能否获得客体"认同",即构成了思想政治教育过程中辩证统一的"矛盾"。本研究的核心观点是:"化"与"认同"乃思想政治教育过程中最为根本的矛盾;思想政治教育的根本宗旨就是切中并解决这一矛盾,通过"化"的资源、"化"的方法、化的实践促进受教化客体的"认同"。"化"与"认同"这对矛盾恰构成思想政治教育的"环中"、枢纽与根本。不同于以往简单的"教"与"学"、"教育"与"接受"等表面理解,"化与认同"具有丰富的理论内涵,同时亦构成"思想政治教育学科"实质性提升的重要理论资源,因此探究思想政治教育学科的"根本矛盾"至为必要。

第一节 思想政治教育本质上是一项教化与化育的事业

"思想政治教育"本质上是一项教化与化育的事业。思想政治教育过程本质上即是"化"[①]的过程,即化育或教化主体通过多种方式影响客体的思想、观念,意在使"受化"客体的思想、行为与社会主导的社会规范及伦理要求等相近、相合、相一致,而此过程实质上正为

[①] 此处"化"取广义的理解。它可理解为日常话语中的"影响",是一种有目的、有目标地施加的"影响",且更侧重于教化主体对客体有目的、有意识地施加之影响。

"化"。

在"化"的诸多内涵中,与"思想政治教育"较为接近的是中国古代的"教化"理解。本书对于"化"的理解,取其广义的维度。如是,无论是中国古代的教化传统,还是中国共产党建党以来的思想工作及政治工作的宣传、动员实践,都有其特定的化育、化导目的,都可理解为广义的"化"。虽然古代的教化传统与中国共产党的思想政治工作实践在运用的资源、内容、重点、方式等方面有所不同,但二者也有诸多共同之处。具体在于:它们都是处于统治地位的国家及政治主体通过有目的的思想、观念宣传与传播,影响受教化客体,促进民众自觉地服从社会规范、道德规范、伦理规范,使之成为符合社会伦常及价值规范的合格社会成员。而此一过程,正是教化的过程。

总之,"思想政治教育"本质上是一种教化理论的教化实践,它是以该社会主导的先进意识形态,通过多种途径在全社会范围内进行的系统性教化实践。"教化"构成了思想政治教育的本质。"教化"具有提升个体素质、促进社会和谐、凝聚国家力量的功能,它是任何一个社会得以正常延续、发展与巩固的根本。其中,教化方式的科学性、有效性乃是思想政治教育效力达成的根本保证。思想政治教育效果的达成,最为根本的要看其所宣扬的核心价值在受教化客体中的认同度,也即认同与否、认同的深度与广度。

关于思想政治教育作为教化的理解,许多研究者都进行过探讨。陈宗章与尉天骄(2011)曾以教化论视角审视思想政治教育的范式转型;林雪原(2011)则探讨了思想政治教育中意识形态政治教化功能的转变与提升;杨巧(2013)探讨了中国古代思想政治教育的教化仪式问题；张苗苗（2013）诠释了传统教化思想之于当代思想政治教育的启示；吴玲（2013）则揭显了中国古代教化方法之于当代思想政治教育方法的启示。陈宗章与尉天骄将"教化"的内涵归纳为："首先是一种手段和方法，既是个人修养、提升品质的手段和方法，也是治理国家、整合社会的手段和方法。"其次，是一种境界和理想：一则是个人层面的"成人"，二则是社会层面的"整合"。再次，"教化"的基本精神是一种人文精神。最后，"教化"的本质是道德性与政治性的统一①。于壮源将"教化"的内涵归纳为社会与个人两个层面："首先从社会层面，这种教化指政教伦理措施在社会中的广泛施行，进而在社会中形成人伦理则的共识和社会成员遵守伦理共识的精神态度，同时这些具有情理意蕴的伦理秩序直接融入人的内心中，就会成为社会成员的行为准则、情感依托、价值观念，最终形成了'风俗'。其次是针对个体层面的教化，指对人的心灵进行具有伦理关切的道德规范和价值理念的引导和塑造，在潜移默化中使人习与性成。"② 穆代慧子则将"教化"界定为：

> 一种古老的，面向社会全体的，有意识、有目的地改善社会习俗风尚，稳定社会心态，提升大众精神人格的日常社会公共治理手段。它以社会大众道德精神（包括人的心灵、精神）得到普遍性状态的可体验的提升为宗旨，具有鲜明的政治、文化、教育的社会

---

① 陈宗章，尉天骄. 思想政治教育范式转型的"教化论"审视[J]. 学术论坛，2011（2）：68-71.
② 于壮源. 从教育到教化：思想政治教育发展的新视野[D]. 长春：吉林大学，2015：10.

公益性目的。它注重隐性的情感归化、文化关切和美好习俗的成型，通过正人心向，以正风俗，最后形成一个涵盖人们生活各个领域的强大的精神家园。①

当然，今天很多学者将教化视为中国古代的思想政治教育学。在郑永廷先生看来，"中国古代教化，是一种有组织有目的的思想政治教育学，是一种'上施下效'的教育活动"②。罗洪铁与董娅则指出，古代的统治者非常重视思想政治教育的作用，只是在当时其名为"教化""德治""心治"③而已。穆代慧子（2014）在硕士论文《宋代教化与当代思想政治教育生活化研究》中则指出了思想政治教育与教化二者的本质关联："二者本质属性都是道德性与政治性的统一""工具性与目的性的统一"，而"思想政治教育的过程就是教化的过程"。"在'教化论'的视野考察下，思想政治教育的过程就是教化的过程，即思想政治教育是建立在教育者和受教育者这两个主体良性互动基础之上的自上而下的'上施下效'或是自下而上式的提升过程。在彼此的交往互动中，实现思想观念、价值观点、政治信念、道德规范的传递，以达成内心的认同和共识。"④林雪原更是明确地指出，"思想政治教育区别于一般教育的特质在于，它的教育目的和教育过程贯穿着政治教化。所以，

---

① 穆代慧子. 宋代教化与当代思想政治教育生活化研究 [D]. 昆明：云南师范大学，2014：10.
② 郑永廷. 思想政治教育方法论 [M]. 北京：高等教育出版社，1999：26.
③ 罗洪铁，董娅. 思想政治教育原理与方法基础理论研究 [M]. 北京：人民出版社，2005：21-22.
④ 穆代慧子. 宋代教化与当代思想政治教育生活化研究 [D]. 昆明：云南师范大学，2014：13-15.

在思想政治教育过程中，意识形态政治教化功能的重要地位是毋庸置疑的"①。此外，陈宗章与尉天骄直接指出，目前的思想政治教育正在经历"教化论"的范式转型，认为"以'教化论'为视角审视思想政治教育的范式转型，体现两种范式的承续式发展，把思想政治教育理解为一个教化的过程，在价值形态上表现为工具性存在与目的性存在的结合，本质上是道德性与政治性的统一"②。

总之，思想政治教育在其广义上及其本质上可作"教化"解当是无疑义的，它构成了行外的人都可以理解的一个总体性事实。只不过，其所采取的资源、服务的具体目标、运用的方式方法已不像古代那么陈旧。思想政治教育本质上即是一种教化。将思想政治教育视为教化具有崭新的理论及现实价值。在此实践过程中，"教化的主体不仅是政府，还是广大民众乃至所有社会成员；教化具有独特的人文特性和民族特色；教化的形式多种多样，以隐性教育为主，注重潜移默化中的情理互渗；在教化路径上，提倡的是一种全民参与的模式。以上这些特点，使得教化为思想政治教育元理论研究指明了道路，为思想政治教育研究范式的转变指明了方向，从而为思想政治教育发展研究拓展了更广阔的视野"③。

---

① 林雪原. 思想政治教育中意识形态政治教化功能的转变与提升 [J]. 北京交通大学学报（社会科学版），2011（3）：108-113.
② 陈宗章，尉天骄. 思想政治教育范式转型的"教化论"审视 [J]. 学术论坛，2011（2）：68-71.
③ 于壮源. 从教育到教化：思想政治教育发展的新视野 [D]. 长春：吉林大学，2015：摘要 I.

第二节 认同与否——思想政治教育效果达成的评判标准

"思想政治教育"不同于其他学科,不仅是因为其与国家意识形态、国家政权密不可分,更主要是因为它有着明确的实践目标、实践目的与实践指向。在客观意义上,思想政治教育效果的真正达成需要主客体的相互作用与二者之合力。思想政治教育过程中的主客体不同于其他学科中的主客体。哲学、心理学、社会学等学科中的主客体关系,主要是一种认识与被认识的关系:一般研究者是主体,而被研究者则是客体。思想政治教育学科中主客体关系则完全不同,这种不同之处在于:思想政治教育的主客体关系更主要是一种作用与被作用、影响与被影响的关系。更为重要的是,思想政治教育主客体的关系,不是简单的影响与被影响关系;不是思想政治教育主体施加影响,思想政治教育客体就一定顺利地或完全地受此影响而加以改变,而此恰亦构成思想政治教育工作的难点所在。因此,关注思想政治教育客体,关注思想政治教育的主客体关系,关注思想政治教育客体的认同问题就甚为必要。

思想政治教育就其终极目标而言是为了获取思想政治教育客体的认同,继而在客体认同的基础上,实现对政治及国家利益的拥护与推崇,在此基础上实现提升个体、稳固社会、凝聚力量的目的。受教育客体之认同,首先是一种国家认同与政治认同,其实质则是一种价值认同,是对思想政治教育理论、内容、方式、方法、思想政治教育媒介所承载价值的一种认定与选择。而且,思想政治教育针对不同年龄、不同社会群体的思想状况，针对不同年龄及不同群体的思想认同状况亦需进行多样性的、具体的化导及化育工作。一般而言，社会生活中成年个体的价值观已然形成并相对稳定，成年个体一般对自己的价值定向有着较为清晰的认识，他们所认同的价值一旦形成，再改变就相对困难。与之相较，儿童少年的价值观尚未形成，因此对其进行价值观念的培育就较为容易；青年期是个体思想由不成熟向成熟过渡的关键期，是价值观形成的关键期，因此对青年群体的价值宣传与导引就具有关键意义。以当下坊间热议的"佛系青年"现象为例，当下的"佛系青年"现象是如何生成的？他们的心态生成与网络媒介化生存有什么样的关联？这又和他们的社会化历程有怎样的联系？当下青年的佛系化倾向是否会削弱或阻抑他们的国家认同、政治认同、政党认同？又是否有必要进行刻意的转化、导引？所有这些都是有必要深入探究的，需从客体认同达成的角度加以考察。

客体的"认同"与否乃是思想政治教育效果的终极判断标准。客体是否认同？如何认同？认同的深度与广度如何？这些都是思想政治教育效果的重要表征。客体的认同度，主观上是客体对于思想政治教育的认可度，客观上则是思想政治教育工作质量的评估标准。若是客体在认同的广度与深度上存在问题，那么，从某种意义上即说明思想政治教育的内容、方法、宣传主体或者宣传媒介等方面存在纰漏，亦影响客体认同效果的积极达成。若是受化客体的认同度低下，那么，思想政治教育工作者就应当反思自身思想政治教育的方式方法，反思思想政治教育资源的选取，反思思想政治教育媒介方法是否存在问题。此外，亦应反思其自身对思想政治教育客体的特性是否足够了解，对思想政治教育客体周边环境的影响因素是否足够了解,应当反思受教化客体不认同、认同程度不高、认同广度低下等问题,通过这些维度的系统反思,促进思想政治教育效果的积极达成。

第三节 思想政治教育"基本矛盾"与"根本矛盾"之辩证关系

就本质而言,"思想政治教育根本矛盾"与"思想政治教育基本矛盾"是一与多、干与枝的关系。在正式区分之前,首先需对相关概念进行一番厘定。

一、"思想政治教育基本矛盾"与"思想政治教育过程基本矛盾"之区分

思想政治教育学科具有鲜明的意识形态特质及实践特性,因此通过深层理论反映实践过程中的以及学科得以确立的"根本矛盾"就甚为必要。同时"矛盾是反映事物对立统一关系的哲学范畴,任何事物都是作为矛盾统一体而存在的,矛盾是事物发展的源泉和动力。对思想政治教育矛盾的揭示,是思想政治教育学理论研究中的一个核心问题"[1]。目前,学界尚未出现关于思想政治教育"根本矛盾"的研究论述,类似的研究主要是围绕思想政治教育"基本矛盾"展开的。在目前的思

---

[1] 江大伟,刘涛. 对思想政治教育基本矛盾与思想政治教育过程基本矛盾的界定[J]. 学校党建与思想教育,2011(10):34-36.

想政治教育理论界，与"思想政治教育"+"基本矛盾"相关的表述主要有两种：一种是"思想政治教育基本矛盾"；另一种是"思想政治教育过程基本矛盾"。两种提法虽有相同之处，但似乎差异更多。

在陆庆壬编著的《思想政治教育学原理》（1986）中，首次提出"思想政治教育过程的基本矛盾"，认为"思想政治教育过程的基本矛盾"是"教育者掌握的社会要求的思想政治品德规范与受教育者思想品德水平之间的矛盾"[①]。此后，关于"思想政治教育过程基本矛盾"的提法逐渐增加，但具体观点却有很大差异。关于"思想政治教育过程的基本矛盾"的代表性观点有六种：

> 第一种观点认为，思想政治教育过程基本矛盾是"一定社会的思想品德要求与受教育者的思想品德水平之间的矛盾"。第二种观点把经教育者转化的社会要求和受教育者思想品德水平现状之间的矛盾看作其基本矛盾，如有学者认为，思想政治教育过程的基本矛盾是"教育者掌握的社会要求的思想政治品德规范与受教育者思想品德水平之间的矛盾"。第三种观点认为，"思想政治教育中的基本矛盾即人们的某种思想或精神欲求与思想政治教育工作不能满足这种需求的矛盾"。第四种观点认为，思想政治教育过程的基本矛盾可以表述为"社会发展对人们思想政治品德的客观要求和受教育者的主观需要之间的矛盾"。第五种观点认为，思想政治教育过程的基本矛盾应体现在两个方面：从认知方面来看，主要体现

---

① 陆庆壬. 思想政治教育学原理[M]. 上海：复旦大学出版社，1986：117.

在一定社会的思想品德要求与受教育者现有的思想品德水平的差距上；从情感方面来看，主要体现在一定社会的思想品德要求与受教育者的具体的优势需要的差距上。第六种观点认为，"在施教与受教过程中教育子系统与接受子系统的矛盾构成了思想政治教育过程的基本矛盾，正是它们之间的作用力和反作用力推动着思想政治教育过程的变化和发展，规定了整个过程的发展趋势"①。

而在王新刚和罗洪铁看来，"思想政治教育过程基本矛盾的研究大致有'教育者与受教育者'说、'社会要求与受教育者'说和'施教系统和受教系统'说等几种代表性观点，它们各有其理论价值，但也不同程度地存在不足"②。不同的研究者对于"思想政治教育基本矛盾""思想政治教育过程基本矛盾"有着各不相同的理解。在江大伟和刘涛看来，"思想政治教育过程的基本矛盾，是指在具体的思想政治教育过程诸要素之间，居于核心地位的矛盾，它是从属于思想政治教育基本矛盾的"③。由于关于二者关系的研究纷繁复杂，很多学者往往自说自话，一时很难理出学界公认的知识体系。加之这些并非本书论述的重点，所以对这个问题暂且采取搁置的态度。本书认同江大伟与刘涛的观点，认同"思想政治教育过程基本矛盾"从属于"思想政治教育基本矛盾"。

---

① 江大伟，刘涛. 对思想政治教育基本矛盾与思想政治教育过程基本矛盾的界定[J]. 学校党建与思想教育，2011（28）：34-36.
② 王新刚，罗洪铁. 思想政治教育过程基本矛盾研究现状与发展探索[J]. 思想教育研究，2011（1）：12-14.
③ 江大伟，刘涛. 对思想政治教育基本矛盾与思想政治教育过程基本矛盾的界定[J]. 学校党建与思想教育，2011（10）：34-36.

而且,由于与"思想政治教育根本矛盾"的说法最贴近的当属"思想政治教育基本矛盾",所以此处仅重点论述"思想政治教育基本矛盾"的概念及其不同学术理解。

在本书看来,学者们之所以采取不同的用法,在很大程度上显示了思想政治教育还是一个尚未成熟的学科。目前,学界关于"思想政治教育基本矛盾"与"思想政治教育过程基本矛盾"的不同说法主要是由于学者观察问题的基本立足点不同。前者主要是在学科层次上的探讨,后者则是在实践层次上的探讨。

二、"思想政治教育基本矛盾"的主要观点

在目前的思想政治教育界,人们对于"思想政治教育基本矛盾"的界定一般没有太大的争议。一般认为"基本矛盾是贯穿于事物发展过程的始终并规定事物及其过程本质的矛盾。思想政治教育过程是一系列矛盾相互作用的运动过程,这些矛盾是思想政治教育活动的内在动力,推动着思想政治教育过程的发展。在这一系列矛盾中,有一对矛盾贯穿思想政治教育的始终,是思想政治教育过程的根本动力和思想政治教育存在的内在根据,这就是思想政治教育过程的基本矛盾"①。

至于思想政治教育基本矛盾具体指代什么,研究者有很大争议。此或是由于思想政治教育实践的复杂性使得人们对思想政治教育基本矛盾的理解不可避免地存在着分歧。在林晶和张澍军看来,"思想政治教育

---

① 林晶,张澍军. 刍议思想政治教育的基本矛盾[J]. 东北师大学报(哲学社会科学版),2010(4):18-21.

的基本矛盾为社会期待与个人选择的矛盾"①。张西平认为，"思想政治教育中的基本矛盾，即人们的某种思想或精神欲求与思想政治教育工作不能满足这种需求的矛盾"②。侯丹娟则区分了思想政治教育基本矛盾的三种形式。即"本源形式：发展中的人与'政治人'之间的矛盾；中介形式：教育者与受教育者之间的矛盾；终结形式：受教育者在自我教育中'现实的我'与'理想的我'之间的矛盾"③。吴林龙、王立仁则具体区分了思想政治教育基本矛盾的展开形态，其中："起点形态是教育者与社会要求的矛盾；中介形态是教育者与受教育者的矛盾；核心形态是教育内容要求与受教育者的思想品德现状的矛盾；结果形态是受教育者的思想品德观念'理想自我'与'现实自我'的矛盾；终点形态是受教育者新的思想品德观念与社会要求的思想品德行为的矛盾。"④

可以看出，学者们关于"思想政治教育基本矛盾"的理解并不相同，而且"思想政治教育基本矛盾"并不是唯一的、单一的，而是有若干个。依本书之见，有些学者用"思想政治教育基本矛盾"的提法想表达的恰是"思想政治教育根本矛盾"的意思，只是由于各种顾虑，最终选用"基本矛盾"而非"根本矛盾"的提法。

---

① 林晶，张澍军. 刍议思想政治教育的基本矛盾 [J]. 东北师大学报（哲学社会科学版），2010（4）：18-21.
② 张西平. 论思想政治教育的基本矛盾及其解决的途径 [J]. 学习论坛，2003（8）：44-46.
③ 侯丹娟. 论思想政治教育的基本矛盾及其转化 [J]. 学校党建与思想教育，2009（17）：14-16.
④ 吴林龙，王立仁. 论思想政治教育基本矛盾的展开形态 [J]. 学校党建与思想教育，2012（11）：4-7.

三、思想政治教育"根本矛盾"与"基本矛盾"的关系厘正

采用"基本矛盾"的说法,用的是建筑隐喻,也即认为"基本矛盾"等同于房屋建筑的基石,但建筑之基石,未必只有一块;而"根本矛盾"① 则采用的是"树木"的隐喻,树木之挺立、茁壮与生长,乃在于"根"之稳固。要言之,一棵树或一株植物,根部只有一个,而且正是它支撑着上部的发展乃至一切。思想政治教育基本矛盾与根本矛盾的说法是并行不悖的。只不过以往学者看到的仅仅是教育过程中体现出的深层矛盾,而并未将之上升到学科特性层次、整体层次的抽象把握。具体而言,思想政治教育"基本矛盾"与"根本矛盾"乃是"多"与"一"、"枝"与"干"、表象与实质的关系。

首先,思想政治教育的"基本矛盾"与"根本矛盾"乃是"多"与"一"的关系。也即思想政治教育的"基本矛盾"有若干个,而"根本矛盾"却只有一个,"基本矛盾"理应是从"根本矛盾"中衍生出来的,追究其根本,本源处则只有一个矛盾。其次,思想政治教育"基本矛盾"与"根本矛盾"是枝与干的关系。思想政治教育的"根本矛盾"是主根,是根本,而思想政治教育的"基本矛盾"则是由主干生长出来的枝干。没有主干,则无枝叶;枝干只能是从主干身上长出来。最后,思想政治教育"基本矛盾"与"根本矛盾"乃是表象与实质的关系。"基本矛盾"虽然有若干,但却都是思想政治教育"根本矛盾"的表象,"根本矛盾"才是体现思想政治教育学科实质的根底。思

---

① 在本研究中,"根本矛盾"与"枢纽""环中"相同义。

想政治教育的"基本矛盾"都是"根本矛盾"的衍生形态,属于表象。因此,思想政治教育"基本矛盾"理应围绕"根本矛盾"展开。

以往的思想政治教育理论多指思想政治教育的诸多"基本矛盾",但对思想政治教育的"根本矛盾"却缺乏理论认知与实质把握。究其根本,思想政治教育"根本矛盾"的提出远不是对"思想政治教育"学科的否定,而恰恰是为了提升思想政治教育的学科内涵。

第四节 思想政治教育"根本矛盾"理论的内涵分析

思想政治教育"根本矛盾"具有深刻的理论内涵,它是掌握思想政治教育学科独特性的环中与关键,同时亦是把握思想政治教育工作实践特性的根本,因之有必要对思想政治教育"根本矛盾"的理论内涵进行诠释分析。在进行阐释分析之前需对"思想政治教育"及"思想政治教育过程"的概念进行一番回顾与审视,或有助于增进对"思想政治教育根本矛盾"更为生动、形象的理解。

关于"思想政治教育"的概念许多教材都进行过独具特点的定义,虽然不同版本的定义多少会有差异,但它们所阐述的特质则是较为明确且大体相同的。例如,有观点认为,思想政治教育实质上是指一定阶级与集团为自身的经济利益与政治统治,对人们施加的本阶级思想政治意识形态的影响,继而使人们形成符合社会需要的思想品德的社会实践活动。有观点认为,"思想政治教育是社会或社会群体用一定的思想观念、政治观点、道德规范,对其成员施加有目的、有计划、有组织的影响，使他们形成符合一定社会所要求的思想品德的社会实践活动"①。对"思想政治教育过程"的定义也有不同的说法。有观点认为它是"教育者根据一定社会的思想品德要求和受教育者思想品德形成发展的规律对受教育者施加有目的、有计划、有组织的教育影响，促使受教育者产生内在的思想运动，以形成社会所期望的思想品德的过程。这一过程的实质就是把一定的社会思想观念、价值观点、道德规范转化为受教育者个体的思想品德"②。而"思想政治教育过程系统的构成要素应该是：教育者、受教育者、教育目标、教育内容和教育方法"③。

目前，与"思想政治教育根本矛盾"最为接近的学术说法是"思想政治教育的本质"。在笔者看来，两种提法都是对思想政治教育这一学科特质的理论把握，属于元理论层面的反思。二者在实质上是一致的，只不过是不同学者采用的学术语言不同而已，在本质上殊途同归。在目前的学术界，关于"思想政治教育本质"的理论认识也是仁者见仁，智者见智。曾有学者将其归纳为"政治性"、"阶级性"及"意识形态性"等几个不同的观点④。在研究视角方面，主要有历史起源与现实实践论视角、矛盾论视角、系统论视角、多层次论视角、人学论视角；关于"思想政治教育本质"的界定主要有一元论、二元论、多元

---

① 刘基. 高校思想政治教育论 [M]. 北京：中国社会科学出版社，2006：3.
② 张耀灿，郑永廷. 现代思想政治教育学 [M]. 北京：人民出版社，2001：277.
③ 王新刚，罗洪铁. 思想政治教育过程基本矛盾研究现状与发展探索 [J]. 思想教育研究，2011 (1)：12-14.
④ 靳玉军. 论思想政治教育的本质及其实践把握 [J]. 西南大学学报（社会科学版），2014 (6)：39-43.

<<< 第二章 "化与认同"——思想政治教育学科的"根本矛盾"

论等不同观点①。如在宇文利看来，思想政治教育本质为政治价值观的再生产②；张苗苗则认为思想政治教育的本质在于核心价值观教育③；在靳玉军看来，思想政治教育的本质规定在于这样几个方面，也即它"是促进人的发展的实践活动"，"是促进人的思想转化的实践活动"，"是促进人的政治社会化的实践活动"④；唐芳云则将思想政治教育本质归为"政治权力、政治价值观、政治品格"这三重要素⑤；闵绪国则将意识形态性归为思想政治教育的本质属性⑥。"思想政治教育本质"问题研究具有重要意义。在郭灏看来，"思想政治教育本质是思想政治教育理论研究的基础性和前沿性问题，对思想政治教育本质的把握是推进思想政治教育学科发展和实践深化的前提"⑦。它是对该学科的自我确认，是对学科是什么、学科使命是什么等问题的反思。"一门学科的成立及其存在一定有其'是其所是''成其所是'的根据，一门学科能够获得较为普遍的认同，与学科本身所拥有的坚实的理论基础密不可分。学科的本质问题，就是界定了一门学科的'是其所是'、

---

① 郭灏. 思想政治教育本质研究的现状、问题与趋向［J］. 思想教育研究，2016（4）：47-52.
② 宇文利. 论思想政治教育本质——政治价值观的再生产［J］. 马克思主义与现实，2013（1）：183-188.
③ 张苗苗. 思想政治教育的本质是核心价值观教育［J］. 教学与研究，2014（10）：90-96.
④ 靳玉军. 论思想政治教育的本质及其实践把握［J］. 西南大学学报（社会科学版），2014（6）：39-43.
⑤ 唐芳云. 遮蔽与解蔽：思想政治教育过程本质反思［J］. 学术论坛，2014（6）：177-180.
⑥ 闵绪国. 意识形态性：思想政治教育的本质属性［J］. 求实，2014（1）：81-84.
⑦ 郭灏. 思想政治教育本质研究的现状、问题与趋向［J］. 思想教育研究，2016（4）：47-52.

体现了学科的内在同一性、决定了学科建设及理论发展方向的不可回避的元问题。"①

从上述关于思想政治教育的定义以及思想政治教育本质的描述中，我们可以很自然地感受到思想政治教育的学科特质，同时也可以很自然地看到"思想政治教育"所指向及所要处理的矛盾所在。但思想政治教育根本矛盾的理论表述，则是对思想政治教育实践中既对立又统一之矛盾张力的抽象省思，是对这一根本问题的切中与反思，是对这对一以贯之的矛盾之揭示。这是其与思想政治教育本质理论表述的不同之处。需要说明的是，除本书之外，学界较早提出思想政治教育根本矛盾提法的当属卢景昆。卢景昆（2012）在《关于思想政治教育本质的再思考——基于对思想政治教育基本矛盾的反思探索》一文中提出了思想政治教育根本矛盾的说法。在其看来，"所谓根本矛盾或基本矛盾，是指贯穿于一个事物发展过程始终、规定着该事物的根本性质，且其存在和发展规定和影响着该事物中其他矛盾存在和发展的矛盾"②。以往学界关于"思想政治教育本质"的认识之所以存在诸多分歧，主要是对"思想政治教育根本矛盾的认识不够全面造成的"。"基于'事物的根本矛盾决定事物的本质属性'这一逻辑，思想政治教育内在地包含以下两个不可分割的根本性质：一方面，思想政治教育具有鲜明的意识形态性，它要为一定的阶级、政党和集团的利益服务；另一方面，思想政治教育具有超越性，它通过尊重、满足、提升和丰富人的需要而实现人之

---

① 郭灏. 思想政治教育本质研究的现状、问题与趋向 [J]. 思想教育研究，2016 (4): 47-52.
② 卢景昆. 关于思想政治教育本质的再思考——基于对思想政治教育基本矛盾的反思探索 [J]. 2012 (2): 136-139.

自我超越，促进人的自由而全面发展。"①用不同的说法，"思想政治教育根本矛盾"可以分别表征为：灌输与接收、教育与内化、影响与被影响、化导与内化。当然这些提法虽有其合理性，但是就抽象力及涵盖能力而言"化与认同"这个提法似当更佳，因其能够更加深入、全面地诠释思想政治教育所要把握的对立统一关系。

思想政治教育根本矛盾理论认为："化与认同"构成了思想政治教育的根本矛盾，此一矛盾又是根源性的。该理论的内涵在于：思想政治教育在本质上是教化主体施行的教化实践，它有着明确的政治目标指向；但同时，受教化客体是否认同施化主体的教化理念、教化方法、教化内容、教化方式，最终决定了教化实践能否成功以及成效如何。主体之"化"与客体之"认同"是密不可分的。没有主体之化，就无所谓思想政治教育实践之展开，也就无所谓思想政治"教育"；没有客体之认同，或者认同程度极低，则说明思想政治教育的效果是无力的。认同效果低下或无法获得认同，则说明思想政治教育或是存在内容空泛、方法生硬、脱离人之真实需要的问题；或是说明思想政治教育的媒介载体存在问题，思想政治教育脱离了个体真实的社会生活环境；抑或是思想政治教育内容已落后于时代，思想政治教育的系统出现了问题。因此，这就涉及思想政治教育主体如何"化"，怎样"化"，运用什么资源"化"、何时"化"等问题，这些都是思想政治教育主体层面需要认真反思与面对的。另一方面，受教化客体是否认同？受教化客体的认同深度、认同广度、认同持久度如何？受教化客体是从内心真正认同，还是

---

① 卢景昆. 关于思想政治教育本质的再思考——基于对思想政治教育基本矛盾的反思探索 [J]. 2012 (2)：136-139.

仅仅表面服从？受教化客体"不认同"的原因是什么？受教化客体产生"虚假认同"的原因又是什么？为什么会产生受教化客体认同广度小、认同持久度低、认同程度浅等现象？应当采取什么样的手段促进受教化客体真正、有效而又持久的认同？所有这些问题都是思想政治教育工作者需要从根本上认真省思的。这些是思想政治教育学科实现提升的根本问题，是阻碍思想政治教育效果提升的关键所在。

第三章

"化"及思想政治教育学科的"化"之理解

"化"乃是中国文化的核心要义。中国文化中有着丰富的关于"化"之思想论述,如古代的教化传统,人性可"化"的信念,教化及化育的方式方法等,对于当代的思想政治教育依然有着重要启示。而且就广义层面理解,当代的思想政治教育本质上是一种"化",只是此种"化"所采用的资源、内容、方向、方式与古代教化已有很大不同。

第一节 "化"及"化"之观念的思想考古

"化"在中国传统社会中占有重要位置,"化"不仅在中国文化大传统中有着鲜明的体现,而且在中国文化小传统中也有着活力的传承。

一、"化"字的古义梳理

"化"是中国文化的观念精髓，中国文化中的许多重要范畴都与"化"有密切的逻辑关联，系统梳理"化"的思想有助于得出新的启示。在正式阐述"化"的思想及理论之前，有必要对"化"的代词源、词义进行一番系统梳理；而为了更清晰地理解"化"之含义，首先有必要对"化"之当代含义进行一番梳理。

经查询，《现代汉语词典》对"化"的解释有9条；《辞海》对"化"的解释有11条；《汉语大词典》中所梳理的"化"的解释有22条。现将《汉语大词典》中的22条解释转录如下：

> （1）改变人心风俗，教化、教育；（2）受感化，受感染；（3）习俗、风气；（4）治，太平；（5）变化、改变；（6）生长、化育；（7）指胎儿；（8）造化，自然的变化或规律；（9）死；（10）消化；（11）融合、融化；（12）溶化、消融；（13）消除、去除；（14）消散、消失；（15）焚烧；（16）劝化；（17）成仙；（18）募化；（19）指道家的庙宇；（20）方言，无礼、无赖；（21）化学的简称；（22）后缀，加在名词或形容词后面构成动词，表示转变成某种性质或状态。

其中，较为常用的含义主要有以下几种：

（1）教化、教育；感化，转移人心风俗。《学记》："就贤体远，足以动众，未足以化民。"《管子·七法》："渐也，顺也，靡也，久也，服也，习也，谓之化……不明于化，而欲变俗易教，犹朝揉轮而夕欲乘车。"《易·乾》："善世而不伐，德博而化。"《增韵》："凡以道业诲人谓之教，躬行于上风动于下谓之化。"

（2）受感化，受感染。《吕氏春秋·大乐》："天下太平，万物安宁，皆化其上，乐乃可成。"

（3）习俗、风气。《史记·秦始皇本纪》："黔首改化，远迩同度。"

（5）变化、改变。《周易·系辞上》："化而裁之存乎变，推而行之存乎通。"

（6）生长、化育；化生之物。《礼记·乐记》："乐者，天之和也……和，故百物皆化。"郑玄注："化，犹生也。"董仲舒《春秋繁露·人副天数》："天德施，地德化，人德义。"宋秦观《论变化》："变者，自有入于无者也；化者，自无入于有者也……是故物生谓之化，物极谓之变。"亦指化生之物。《礼记·乐记》："鼓之以雷霆，奋之以风雨，动之以四海，煖之以日月，而百化兴焉。"

（8）造化；自然的变化或规律。《素问·五常政大论》："化不可代，时不可违。"高诱注："化，道也。"陈奇猷校释："化者，日后必至之势。"《韵会》："天地阴阳运行，自有而无，自无而有，万物生息则为化。"

（10）消化；理解、吸收所学的知识。如食古不化。

（13）消除、去除。《韩非子·五蠹》："民食果蓏蚌蛤，腥臊恶臭而伤害脾胃……有圣人作，钻燧取火以化腥臊。"

《甲骨文字典》中将"化"解释为："象人一正一倒之形，所会意不明。"①朱芳圃在《殷周文字释丛》中将其解释为："化象人一正一倒之形，即今俗所谓翻跟头。"（东汉）许慎在《说文解字》中则将"化"解释为："化，教行也。从匕，从人，匕亦声。"

早在先秦时期，我国古代典籍中就有着丰富的关于"化"之表述。《老子·第五十七章》中有"我无为而民自化"。《周易·易传》中有"天地感而万物化生，圣人感人心而天下和平"（《咸卦·彖传》）；"乾道变化，各正性命"（《乾卦·彖传》）；"形而上者谓之道，形而下者谓之器，化而裁之谓之变，推而行之谓之通，举而错之天下之民谓之事业"（《系辞上》）；"善世而不伐，德博而化"（《乾卦·文言传》）；"孚乃化邦"（《中孚卦·彖传》）；"穷神知化，德之盛也"（《系辞上》）这样的描写。《中庸》中则有"能尽人之性，则能尽物之性；能尽物之性，则可以赞天地之化育；可以赞天地之化育，则可以与天地参矣"（《尽性章》）；"曲则能诚。诚则形，形则著，著则明，明则动，动则变，变则化。唯天下之至诚为能化"（《致曲章》）。《孟子》中也有"君子之所以教者五：有如时雨化之者，有成德者，有达财者，有问答者，有私淑艾者"（《尽心上》）；"大而化之之谓圣，圣而不可知之谓神"（《尽心下》）；"所过者化，所存者神"（《万章上》）。《庄子》中也有"万物之化"（《人间世》）、"伟哉造化"（《大宗师》）、"安排而

---

① 徐中舒. 甲骨文字典［M］. 成都：四川辞书出版社，2006：912.

去化，乃入于廖天一"（《大宗师》）等语句。《荀子》一书论述"化"的地方较多，如"神莫大于化道，福莫长于无祸"（《劝学篇》）；"诚心守仁则形，形则神，神则能化矣；变化代兴，谓之天德"（《不苟篇》）；"济而材尽，长迁而不反其初，则化矣"（《不苟篇》）；"注错习俗，所以化性也"（《儒效篇》）；"政令教化，形下如影"（《臣道篇》）；"夫声乐之入人也深，其化人也速，故先王谨为之文"（《乐论篇》）；"状变而实无别而为异者谓之化"（《正名篇》）；"阴阳大化，风雨博施"（《天论篇》）。《韩非子》中有"势不足以化则除之"（《外储说右上》）的语句。《礼记》则描写道："就贤体远，足以动众，未足以化民。君子如欲化民成俗，其必由学乎"（《学记》）；"化民易俗"（《学记》）。

当然，古代典籍中关于"化"的描述还有很多，非本书所能穷尽。本书仅选取先秦时一些重要典籍中的"化"之描述，来呈现"化"的重要性。以下即就先秦时期"化"的主要语用，对"化"与中国哲学的几个核心范畴进行关联解析。

（一）化与道

"化"之含义的最重要处，在于其与"道"之本源性关联。在道家看来，"道"是宇宙人生之本源。"道"无所不在，且又不可见，而世间万物的化迁不已以及宇宙万物的大化流行即是"道"之作用的具体显见。清儒戴震曾言，"道言乎化之不已也"（《原善》）。钱穆先生在对"道"与"化"的关联剖析中则指出，"万物尽在一大化中，此一大化，形成万化，万化各独，而同是此一大化"①。说明世间万物都在大化的流迁运演之中。"化即是道，万化而不出此一道"②，"道之作用，则以两字可以包括，曰'化'，曰'育'。无生言化，有生言育。化育二字，实亦相通。此总体乃是一有机的，亦可谓之即是一生命总体"③。在道家看来，"道"化生万物、生养万物，但"道"又不可见。"道"为"体"，"化"为"用"，"化"以"流"行的方式迁演生息，以显"道"之理。作为"道"之作用显现，构成了"化"之精义所在。

（二）化与变

在中国现代语境中，"变化"是人们常用的一个语词。然而"变"与"化"又有一定的区别。按照张岱年先生的解释，"化是变之渐，变是化之成。化是今所谓渐变，变是今所谓突变。故变相粗而化精，变著而化微"④。钱穆先生对"化"与"变"的关系剖析得更为细致，他指出："化与变不同，变易见易知，化不易见不易知，须长时间之蕴蓄孕育。"⑤在钱穆先生看来，"由变成化，乃是由人合天，不如大自然，则当由化生变，人类则仅是化生之一种。……变字终嫌其拘于一曲，流于物质观，其义浅。化字跻于大方，达于精神界，其义深"⑥。总之，"化"与"变"虽有着相近的理解，但却有着比"变"更精深的含义，这是需要特别说明的。

---

① 钱穆. 庄老通辨 [M]. 北京：生活·读书·新知三联书店，2002：184.
② 钱穆. 晚学盲言（下）[M]. 桂林：广西师范大学出版社，2004：526.
③ 钱穆. 晚学盲言（上）[M]. 桂林：广西师范大学出版社，2004：9.
④ 张岱年. 中国哲学大纲 [M]. 南京：江苏教育出版社，2005：111.
⑤ 钱穆. 晚学盲言（上）[M]. 桂林：广西师范大学出版社，2004：80.
⑥ 钱穆. 晚学盲言（上）[M]. 桂林：广西师范大学出版社，2004：49.

(三) 化与神

"化"与"神"在古代及当今社会是密切相连的。《周易·系辞上》有"穷神知化,德之盛也"之句,《荀子·劝学篇》有"神莫大于化道"之语。关于"化"与"神",张载认为"阴阳二气,推行以渐谓化。阖辟不测谓之神"①;程颢则指出"化之妙者神也"(《语录》卷十一)②。在中国古代,"神"主要指神妙莫测,是相对于人之感知、理解而言的,一般用以形容超出人的感知或领悟力的事物与现象,"神"同时还是对"化"之运行状态微妙性的一种描述。"化"之运行是潜隐、渐进、不易见、不易知的,微妙到一种极致便是"神"。古人经常讲"神而化之""出神入化",所谓"神而化之",就是指神妙莫测的变化。"神"是只见其事而不见其功,"化"之运行是渐进的、潜隐的、人们难以觉察到的。而且,"出神入化"往往是就人们达到一定境界而言的。

(四) 化与教

"化"与"教"是古代及当代联系得最频繁且最紧密的两个字。"教化"一语,在中国古代乃至当代都是频繁被使用的一个词。自古代起,"化"与"教"就是经常连在一起使用的,而且"化"多是就"教"而言的。《说文解字》中将"化"解释为:"教行也。"在儒家语境中,"化"多是就教化而言的:《周易·文言传》中有"德博而化";《孟子·万章上》有"君子所过者化,所存者神";《荀子·儒效篇》有"注错习俗,所以化性也";《荀子·臣道篇》中有"政令教化,形

---

① 转引自钱穆. 朱子学提纲 [M]. 北京: 生活·读书·新知三联书店, 2002: 60.
② 张岱年. 中国哲学大纲 [M]. 南京: 江苏教育出版社, 2005: 166.

下如影";《荀子·乐论篇》中有"夫声乐之入人也深,其化人也速";《礼记·学记》则讲"化民成俗""化民易俗"。"教化"的传统作为中国古代统治的主要辅助形态更是绵延了几千年,而"教化"的理念与实践则构成了中国文化大传统的核心。

从上可以看到,"化"与"道"、"化"与"变"、"化"与"神"、"化"与"教"具有内在关联。其中,"道"与"变"侧重于"自然"的理解,侧重于"天"的一部分;"神"则侧重于作为主体的人对于万化流变之不可测、不可知的主观感知;而"教"则总是对人的"教",但对于人的"教"强调自然性、过程性、神妙性,对人的"教"化中保留着"天"的成分,注重因循"天"、因循"自然"以"教"人。当然,除了与上述四个范畴具有内在关联之外,"化"还与"阴阳""有无"等有重要关联。限于研究主旨,此处不再展开论述。

通过前面对"化"之观念的梳理,可以总结出"化"这样几重本质属性。第一,"化"具有渐进性。"化"字就其属性而言,首先是一个动词。"化"本身表征的就是一种运动,只是此种运动多是以渐进的方式展开。第二,"化"具有潜隐性。"化"是不可见的,"化"以人们不易见、不易知的方式发挥效力,流演迁转。第三,"化"具有过程性。无论是具体事物的生息变化,还是教化、化育效果之达成都需要经历时间与过程,"化"本身的运演及效力发生都具有过程的属性。第四,"化"具有神妙性。世间万物的"化"即是"道"之流行,"化"往往以超越主体觉知与理解能力的方式存在运演、生息变迁。而"化"之神妙性多是就一定境界而言的,"化"的神妙性常在于只见其事而不见其功。第五,"化"还具有自然性的品质。"化"之自然品性,一则是因其本身就是自然万物的生灭变化、运转生息，二则是因"化"之运行本身具有自然而然的品性。尤其是教化、感化、化育方式的采用都强调自然而然，注重因循规律来达到自然化成的效果。

二、三种"化"之区分

关于"化"，不同的视角可有不同的区分方式，其中一种是从中国传统儒、释、道三家视角的"化"之观念区分，而另一种则是对三种不同类型的"化"之区分。

（一）儒、释、道三家的"化"之观念区分

儒家的"化"之理念，一向以"教化"为主①。儒家重视对人的教化，强调人文化成，既为王道教化服务，亦兼有儒家独特的意旨。儒家的教化侧重于化导人性、化民成俗，以成就人性之善。《论语》一书中，孔子虽然未曾言及"化"字，但作为其思想承继的《易传》《孔子家语》中有多处用到"化"字。如《乾卦·文言传》中有"德博而化"，《中孚卦·象传》中有"孚乃化邦也"。《孟子·万章上》中则讲"君子所过者化，所存者神"。荀子也多处讲到"化"：《荀子·不苟篇》中讲"诚心守仁则形，形则神，神则能化矣"；《荀子·王制篇》中有"元恶不待教而诛，中庸民不待政而化"，认为一般民众不需刑罚就能教化；《荀子·正论篇》中则有"尧、舜，至天下之善教化者也，南面而听天下，生民之属莫不振动从服，以化顺之"，强调圣人教化的非凡意义。儒家对于自然意义上的"化"之论述，在《易传》《中庸》

---

① 但也偶尔论及自然意义上的"化"，而这很可能是后期儒家受到道家或阴阳家影响的结果。

和《荀子》中体现得较为明显。如《易传》中讲"天地感而万物化生，圣人感人心而天下和平"（《咸卦·彖传》）；《中庸》讲"赞天地之化育"；《荀子·劝学》则强调"神莫大于化道，福莫长于无祸"。这几处都侧重于"化"作为天地自然变化、自然化生意义上的理解。

　　道教语境中的"化"多指自然流变意义上的"化"，但也有少量与"教化"相近的理解。如老子《道德经》第五十七章讲的"我无为而民自化"，即是此种意义。但总体上，道教之"化"多采取自然变化、自然演化的意义。如《道德经》第三十七章中讲："道恒无名。侯王若能守之，万物将自化。"《庄子·齐物论》中讲："一受其成形，不化以待尽。"《庄子·德充符》中更是讲："审乎无假而不与迁，命物之化而守其宗也。"强调顺任事物的变化而执守事物枢纽的重要性。道教所用的"化"多是就造化及自然变化的规律而言的。道教认为人与万物皆是从天地化生而来，是造化的一种，"化"具有客观自然性，且不可违逆。古典道家的两位代表人物老子言"化"少，而庄子言"化"多。依庄子见，"化"是不可阻遏且流变不已的，人们所应做的就是"与时俱化"。

　　佛教同样重视"化"。佛教虽是由印度传入，但却在中国展现出蓬勃的生命力，并极大地影响了东亚文明。佛教讲求化度众生，使达乐土，力求化一切众生皆入佛道。佛教更是称呼"佛"为化主，也即教化之主。而佛教的"化"主要是就"化"的方式方法意义而言的。佛教化度众生的目的是欲促进众生的觉悟，使其成为觉行圆满的人，即觉悟成佛。佛教还讲求"化仪四教"，化仪即化导的仪式，即释尊在一生中教化众生的仪式与方法，而教化众生的经典内容则被称为化法。在佛教看来，化法有如药味，化仪有如药材，两者必须相辅相成，方可奏效。

归纳起来可以看出：儒家和佛教更注重"化"人的实践，而道教则更注重"化"的自然运演；儒家和佛教都往往重"使之变"，而道教则注重顺应变、因应变。

(二) 三种特质的"化"之区分

在中国传统语境中，"化"主要可区分为三种类型：作为过程的"化"，作为结果的"化"，以及作为方式方法的"化"。

首先，作为"过程"理解的"化"，在其众多含义中占有较大比重，其语用方式也较为普遍。《韵会》指出："天地阴阳运行，自有而无，自无而有，万物生息则为化。"此处，"化"指的是自有而无、自无而有的生灭过程。道家重视对"化"的过程性理解，认为包括人在内的万物都处于生化的历程中。儒家亦强调"化"的过程性理解，重视对人的化导、教化与感化。儒家认识到"化"之功效的取得是需要过程的，需注重自然性，注重以渐进的方式促进"化"之效果达成。日常语境中的"进化""转化""潜移默化"等都强调"化"作为过程理解的特性。

其次，作为结果的"化"在《中庸》和《荀子》中均有体现，《中庸》讲："动则变，变则化，唯天下之至诚为能化。"孔颖达疏之为："初渐谓之变，变时新旧两体俱有，变尽旧体而有新体谓之为化。"《荀子·不苟篇》也讲："济而材尽，长迁而不反其初，则化矣。"特别需要说明的是，此类理解在"化"的众多语境中较少出现，且容易与"化"之其他理解发生混淆。在此处，"化"有着比"变"更深一层的理解，它是"变"之结果的达成，是变的最终状态。虽然此种语用方式较少出现，但却格外值得注意，以免发生语用错误。

最后，作为方式方法的"化"在儒家典籍中有大量体现，在杂家典籍中也偶有论述。《礼记·学记》中有"就贤体远，足以动众，未足以化民"的语句。《孟子·尽心上》中讲"君子之所以教者五：有如时雨化之者，有成德者，有达财者，有问答者，有私淑艾者"。"有如时雨化之"，即注重教育的方式与方法，注重以自然流成的方式促进化育效果之达成。《管子·七法》中讲："渐也，顺也，靡也，久也，服也，习也，谓之化……不明于化，而欲变俗易教，犹朝揉轮而夕欲乘车。"强调通过对个体心理生成规律的把握，以环境的熏染、反复的修习等方式促进教化效果的达成。此外，中国传统文化中许多含"化"的语词，如"德化""点化""感化""化诱""化诲""化导""化除"等都可理解为作为方式方法的"化"。其中"点化"是要促进人的觉醒与顿悟；"感化"是以真挚情感劝导与感染，使人的思想行为向好的方面转化；"化导"是给人的自我提升以方便导引；"化除"则是要去除人的偏险痼弊，以成就人格之完善。"化"须注重方法，注重具体性、针对性、巧妙性，此点历来为儒者及师者所重视，亦为当代思想政治教育工作实践提供了借鉴与启迪。

第二节　传统"化"之观念的思想政治教育启迪

"化"作为教化的理解，在中国文化大传统中一直占据主导地位。

不仅如此，近代以来，它还是对照翻译"文化"一词的思想源头。当代中国流行的"文化"一词，乃是近人翻译西方"culture"的对照词，而将"culture"翻译为"文化"的思想依据则源于中国古语"人文化成"。"人文化成"体现了传统儒家倡导文明传承、以礼俗化导民众的情怀。到了现代，"文化"才成为日常语境中人们惯用的一个名词。"人文化成"的传统理念以及两千余年的教化传统，对于当今的思想政治教育理论创新有着重要的启示。

一、中国古代的教化传统

"化"在中国文化中之重要性，突出表现在其作为"教化"的理解与实践之中。古代政治统治者强调教化，古代思想家亦强调教化的重要意义与实践体系。《孟子》讲"君子所过者化，所存者神"，《荀子》则讲"化性起伪"，均强调"化"作为教化的理解。中国历史上的教化主要分为儒者教化、王道教化与宗教教化三种。① 王道教化与儒者教化是中国文化的主导特色，而宗教教化则构成二者之外的必要补充。其中，教化虽然是儒家的重要理想与践行使命，但更主要是由王者来推行的。王道教化意在促进统治者自身统治的稳固，社会的长治久安，使得民众安守王法。王道教化侧重于统治与治理，"普天之下，莫非王土，率土之滨，莫非王臣"（《诗经》）。王者治理管辖之域，称为"化内"之地，教化所不及，则为"化外"之境。儒者教化注重对民众之导引、提升，意在促进人之成人，把人从混沌蒙昧之中提升出来。儒者教化强

---

① 此处重点探讨前两者。

调化民成俗,注重德化、感化、化导等教化的方式方法以及教化效果的达成。儒者教化,则是要使人懂得人伦纲常与礼俗生活,意在促进传统社会中"士""民"人格的形成。"士""民"人格之形成,乃是经由外来教化,配合个体之自化而成。教化的实质则在于德化,即以德化人,道德因素在以往的传统中占据重要的比重。中国传统教育历来重视对人的教化、德化、点化、感化,重视人作为生命的主体既有接受外在影响的一面,又有自身发展的能动性与可能性。儒家教化注重"化"人的机制与方法,重视"化"的渐进性、潜隐性、自然性,不刻意、不做作。儒家教化总是与德化联系在一起的,教化的实质即是德化,这是与中国传统社会重视道德分不开的。而且,古代的君子、学人最重视者与其说是知识,莫过于说是道德。中国人所说的"文化"总是与教化、德化联系在一起的。教化并非生硬、刻板的机械强加,而是重视个体之自化。教化与自化的共同作用,促进个体成为一个文明之人,成为伦常关系中的人。重视外在的教化,以启迪个体之自化的实践,更是成为两千多年来中国文化传统的主旨所在。

  传统中国,无论是统治者还是儒者皆重视对人的教化。前者施行教化是为了自身统治,而后者多是奉行儒家一贯的理想。儒家注重对人的教化,"儒者以道自守,以教化为己任……如果在政治上不能实行抱负,就退而教授生徒,立德、立言、传布生教"[①]。而一般教育的目的主要是教化百姓,移风易俗。儒家重视教化,教化的资源是"人文",对象则是"民"与朴野之人。儒家重视以"人文"礼俗来"化"人,

---

① 韦政通. 中国的智慧 [M]. 长春:吉林文史出版社,1988:113.

重视并践行对人的教化。在传统中国，儒家理想的教化途径是通过"兴于诗，立于礼，成于乐"，使人成为理想之人，成为君子。现实途径则是通过日常生活礼俗来化育、模塑个体，使个体成为尊道重德之人。

当然，王道教化与儒者教化又有很大的不同。儒家讲求"内圣而外王"。但就历史现实之考察，真正经由内圣而成就外王者几乎寥寥。儒家的教化虽然流传广布，但多成为王者统治的工具。王道教化主要是为自身的统治服务，所以教化的同时就有对人民的限制与愚民的意图在里面，意在使人民安分守己。这是传统教化的不足之处，也是研究中国传统教化论时所应注意到的。

二、"人性可化"的理解

中国传统重视教化，其直接的前提假定即是"人性可化"的信念理解。"人是可化的"，这是中国传统中重要的人性观理解，亦是儒家教化哲学与教化传统得以施行的根本前提。"人是可化的"包含了两层含义：人不仅可以接受外来影响，而且人本身具有自我成长、自我化育的能力与可能。换句话说，个体既有接受外来教化影响的可能，又有自化的能力与潜能。"人是可化的"，这是儒家哲学在人性方面的一致理解。孔子在《易传》中讲"德博而化"，认为"孚乃化邦"。孟子则主张性善论，强调每个人都有先天而来的善端，此种善端是可以扩充的，扩充的结果是成就善的现实。荀子则主张"化性起伪"，认为"圣人"乃是积之而成，强调民是可化的。

人是可"化"的。按照中国的传统理解，人是逐步发展的，具有发展向善的可能。孟子的性善论强调每个人都具有先天而来的善端，此种善端是可以扩充的，是可以"养"的，善端扩充的结果就是成就善的现实。老子所言的"我无为而民自化"，同样认为民是可化的，认为民众具有自我化育的能力。荀子强调的"化性起伪"认为礼乐制度并非人类天生所有，而是圣人创造的。在其看来，礼乐制度本身是善的，人生而具有的本性则是恶的，但是此种本性是可以用礼乐制度来化导与化育的，化性的结果则成就具体的"善"之形成。《中庸》也蕴含着"人性可化"之信念。《中庸》强调个体博学、审问、慎思、明辨、笃行的重要性，强调"人一能之，己百之。人十能之，己千之""果能此道矣，虽愚必明，虽柔必强"。也即别人用一分努力能做到的事情，自己就用一百分的努力；别人用十分努力能做到的事情，自己就用一千分的努力。如果真的能够明晓此道，即使愚陋之人也会变得聪明，柔弱之人也会变得强大。人是可化的，一个十分典型的例子就是作为孔子弟子、子思老师的曾子。孔子对曾子的评价是"参也鲁"，然而曾子通过孔子良好的化育方式以及自身的不懈努力，在孔子的弟子三千、贤人七十二中，唯其一人上承孔子，下启思孟学派，承接并开启了中国文化的大传统。

中国传统认为"人"可化、人性可化，认为"人"具有发展向善的可能。通过移风易俗、化民成俗等方式来化育人心、化导人性是儒家的一贯理想。其中，环境、经历等都是"化导"人性的重要方面。此种"化"需要注重人心内在固有的机制。中国传统重视以"人文"来教化人、感化人，以"文"化人，构成了中国传统化导人性的主旨精神所在。人是可化的，其中既需要个体自身持之以恒、坚持不懈的努力,又需注重技巧、方法,同时还需在时间与过程中实现。

当代汉语语境中若干含"化"的语词,可以帮助我们更清晰地理解"人是可化"的理解。中国传统特有的关于"人之化"的语词主要有"造化""物化""教化""点化""感化""转化""开化""偏执不化""冥顽不化"等。中国传统思想认为人是"可化"的,是可以教化、点化、感化、转化、开化的,具有"化"的可能。认为人是可"化"的,即说明人是有待于进一步发展、提升的,强调人不应该静止、刻板、滞而不化,不应该偏执不化、冥顽不化、食古不化,以至于失去生命发展的活力与可能。在中国,"偏执不化""冥顽不化""食古不化"这三个词包含了对个人发展完善之可能丧失的最大贬义。这三个词的内中应有之义是:人应当是不断发展的,应是不断走向完善的。"如果个体的人刻意'偏执不化''冥顽不化''食古不化',那么按照中国人的通常理解该人也就'不可救药'了,他的生命活力也就止息了。"①

三、"化"的方式与方法

中国文化历来重视"化"人,强调以外在的积极影响作用于个体,使个体朝好的方向改变。传统社会及家庭向来重视以智慧、经验来点化、感化、教化人,给人以方向导引。传统中经典的"化"的方式方法主要有:化导,化除,自化、德化、点化、感化,潜移默化,棒喝等。

---

① 奚彦辉. 传统"化"之观念的本土心理学探究 [J]. 赣南师范学院学报, 2009 (5): 65 - 67.

第一，化导的方法。化导一般主要是由外在的教育者、外在影响施加者来进行。这些外在影响施加者可以是圣人、君子、父母、重要长辈或同辈亲属、师者。他们一般在地位、经验或阅历层次上比受化者高，他们以一定的文化知识、生活经验、智慧启迪、规范准则等来提升人、引导人、规范人，对人生道路、道德行为、道德良知等路径进行导引。中国古代常用的"化凡导愚"一词，最能说明"化导"之意。化凡导愚，也就是让受化者脱凡、去愚，达到常人或超过常人的状态或境界。而且，"化导"多以潜隐的、巧妙的、自然的、非机械强加的方式进行。"化导者"本身应当是德行高尚之人，或是生活阅历丰富之人，抑或是富有智慧之人；或者是同时具备这其中的两者，或是三者兼具。

第二，"化除"的方法。"化除"，既可以由外在的教育者、影响者施加，也可由自我本身进行。"化除"的结果之达成必须经由个体自我之转变，即自化方可达成。"化除"实践的必要性，乃是因为人自身的不完善性。只有化除人的愚弊、固执，化除人的偏执、仇恨，化掉不必要的欲念，才能达到人格之完整、自我之完善，达到心灵的宁静、内在的平和与幸福。化除的过程多是艰难的，需要一定的时间，而且很多时候只能达到部分的、一定程度的化除。而化除所指的对象可以是人先天具有的某种愚钝、偏激，可以是对某些相对价值的绝对化，也可以是化除人自身的偏狭与固执，还可以是化除前的经历中"情结"因素造成的消极影响。很多时候，化除是需要智慧、需要顿悟的，需要在艰难的过程中实现。有时，生活中的某些重大事件本身即可起到重要的化除作用，可以化除个体对于某一相对价值的偏执，或者化除自身在某一方面的顽固心理等。化除的最终目标，是成就人格的圆融，继而促进对社会之贡献以及个体幸福之达成。总之,化导是以积极来引导人,而化除则意在去除个体一时或固有之消极,最终促进个体积极之实现。

第三,"自化"的方法。"自化",原为老子《道德经》第三十七章中的用语,原文为"我无为而民自化"。陈鼓应先生将其解为"自我成长、自我化育的能力",也有注解将此解为自然被感化、自然被教化的效果。

"自化"与"教化",在中国古代是紧密联系在一起的。钱穆先生曾言,"中国人言教必言化,乃学者之自化,非教者所能强加之以化"①。而且"中国人之出之语言著之文字者,仅略道己意而止。其未尽者,则待听者读者之自为体悟。其中吾言吾书能赞成同意否,则待其人自加判定。即师弟子之间亦然。故言教化,闻我教者自化,如阳光甘露,万物化生。教者一如春风,学者乃如桃李。春风之化桃李,乃由桃李之自化"②。自化重视人的自我成长、自我化育的能力。外在教育仅是一种点拨与滋养,最重要的是人的自化能力。自化也就是要重视生命原则,重视生命自身接收外在养分、自我成长的能力,而没有将人等同于白纸、机器以及动物的还原式比附。

重视自化的最重要表现,即是古人对幼童的蒙学教育,如《三字经》《百家姓》《弟子规》《孝经》、四书五经等。虽然最初幼童未必明晓书中之意,但是在教师反复带领诵读的过程中,在自己不断地修习中,在自己今后的成长过程中,书中的真义自然会化入个体内心,逐渐地领悟、体会到书中之理。至于学养高者,甚至可以达到"入乎耳,

---

① 钱穆. 晚学盲言(下)[M]. 桂林:广西师范大学出版社,2004:525.
② 钱穆. 晚学盲言(下)[M]. 桂林:广西师范大学出版社,2004:452.

箸乎心，布乎四体，形乎动静"（《荀子·劝学篇》）的境界。个体本身具有自化的能力：一方面，个体本身每日都在成长与变化之中，即所谓的"日生日化"；另一方面，个体自身有着自然吸纳、理解、消化外在影响的机制与能力，能自然地理解日常的人伦礼俗、伦常世故，理解并体悟一些重要的理念。此为个体自身所具备，不需刻意寻求与学习的。它是个体自本自根、自然而然具有的一种潜在能力，只不过个体平时并未对象化地观照反思而已。

第四，德化、点化、感化。（1）德化，也就是以"德"化人。"德化"之方式历来为儒家所重视并推行。"德化"既可以是一种面向全社会所推行的教化理念，也可以是面向少数受众或个体所施行的教化方法。"德化"之施行，首先需有"德者"作为榜样。儒家采取的经典策略是隐恶扬善，这类似于今日所谓"传递正能量"的说法。大德之人，儒家将其称为"圣人"；具备德行之人，儒家往往将其称为"君子"。具备德行之人，是德化的前提，同时也是德化的必要条件。无论是文王、周公、叔齐、伯夷，还是孔子、孟子，抑或是王文成公、曾文正公、武训、丁龙等，都是德化的理想形象。这些理想形象，既要有高尚之德行，还需有高明的智慧，更要有理想之人格。汉代所推崇的以吏为师，同样是德化的重要显现。（2）点化，其前提是不对客体做过多干涉，只是在关键处给予其智慧点拨或思想启迪。点化的施加者，可以是极具智慧之人，也可以是经验丰富之人，还可以是经历、阅历极高之人。此种点化虽然极少使用，但是却往往很奏效。点化，往往是在人之困惑、逆境之时在一个关键点上施加，通过点化可以促进受化客体的顿悟与自觉。（3）感化。感化是儒家最注重的方法。如前文所述，《周易》中有"天地感而万物化生,圣人感人心而天下和平",感化之所重,则在感人情、动人心。感化效果之达成,必以情动人,以最终动"人心"来感人,来化人,实现感化的效果。而在感化方式的实行过程中,至为重要的一点则是"诚",也就是至诚品性。《中庸》中有"诚者,天之道也。诚之者,人之道也。诚者,不勉而中,不思而得;从容中道,圣人也。诚之者,择善而固执之者也"。又指出,"自诚明,谓之性;自明诚,谓之教。诚则明矣;明则诚矣","唯天下至诚为能化",强调"诚者,物之终始。不诚无物。是故君子诚之为贵"。就"诚者"而言,其"诚"的品性是天生的,因此不勉而中,不思而得,行为自然合乎于道;而就"诚之者"而言,则是个体意识到"诚"之品格的重要性,因此继而努力修身,选择善的标准并坚持遵照执行,努力符合"诚"的标准。其中"自诚明",是天然具有"诚"的品性,自然达到明觉的状态;"自明诚",则需要个体在意识到"诚"之价值的基础上,努力达到"诚"的状态。在《大学》的"三纲领八条目"中,"诚"是"八条目"的重要组成。《大学》中指出"欲正其心者,先诚其意","知至而后意诚;意诚而后心正;心正而后身修",所谓的"诚意",主要是指"毋自欺也。如恶恶臭,如好好色",强调"故君子必诚其意"。

第五,潜移默化。潜移默化是日常语境中常用的一个语词,同时也是一种重要的教化及化育方法。潜移默化在中国古代的教化传统中也占有重要地位,并已经成为一种现代的教育理念。用现代语言讲,就是影响客体的内隐认知、内隐记忆。在不干涉教育客体作为主体之人的自我选择、自我意志的基础上施加潜在的影响,通过长时间的无形的作用来达到化育的效果。传统儒家特别注重洒扫应对在蒙学中的重要性，通过"洒扫应对"来渐进地模塑个体的行为模式，使个体无形中形成一种做人的理念。

第六，棒喝与顿悟的方法。此种方法非儒家所创，而是禅宗的重要法门，在中国文化中也有重要影响，是一种不立文字的重要方法。棒喝为禅宗所创，意在消除个体之执着。在佛教看来，执着本身是一种罪、一种业。无论是对世界的执着，还是对自我的执着，都是不应该的。因为在佛教看来，世界为空，自我也为空。只有认识到世界之空，认识到自我之空，看到万法缘起，才能真正去除执着。只有如此，才能达到"觉"的境界，才有可能成佛。在后来的发展过程中，此种棒喝的方法，逐渐为各家所采用，在此后的传统教育中也渐成为一种重要的方法。在禅宗中，六祖慧能取"顿"的方法，神秀则主"渐"的方法。在宋代，著名的朱陆之争，朱熹以"渐"为主，而陆九渊则以"顿"为主，强调"先立乎起大者"。当然，无论是棒喝还是顿悟都只能在适宜的条件下，在关键时刻使用，使用者一般也需极高的智慧与较高的道行。

四、"化"与经历

就个体之整体人生而言，"化"还应取"经历"之理解。就人生之历程来看，教化主体对客体所施加的"刻意影响"毕竟有限，而个体一生秉受最多之影响，实来自个体自身之经历。在这个意义上，钱穆先生将人生一切事之种种样态，称为"人文"；而此一"人文"，对个体自身之影响实则最大且最重要。按照中国的传统理解，人一生所经历的事件以及自身经历的不断发展，是一个自然而然的过程。虽然个体在其生命历程中要经历许多人与事，要经历不同的人文，经历人与人相处之种种花样；但个体生命历程中所经历的诸多事件都是自然展开的，很少刻意做作。也就是说，这些事件是在真实生活场域中发生、展演的，而非实验室刻意人为的。正如孔子所说，"如切、如磋、如琢、如磨"。经历了切、磋、琢、磨之后的个体，往往也就接近于成熟，这些不同的经历都会对个体产生这样或那样的影响。不同于专门的教育者有目的、有意识地实施的教育、导引与影响，个体自身之经历实际上是对个体影响最大的社会因素与自我特性的函数。就现实个体而言，则是个体一生所经历的环境、事件与他人的过程。在这一过程中，又混杂着个体的认知、情感、行为、反思等因素。现实个体自身经历的不断展开，就是"化"的过程。而对个体自身价值取向的教育，实应了解个体前在之经历，因为正是个体前在的经历，决定了他/她当前的自我状态，决定了他/她的思想状态、行为模式、处事方式、价值观念等。唯此"前在经历"，才能理解个体的思想之生成，理解个体的价值取向之所生成，才能更好地理解个别个体自身所存在的阻抗因素。

可以看出，"化"取"经历"之义是最为准确的，对个体而言也是最真实的，同时亦是教育者最应把握的。

第三节 思想政治教育学科中的"化"之独到内涵

就其根本意义而言，思想政治教育学科中的"化"实为一种"影响"，只是此种影响有着特殊的施加主体以及特殊的政治教化目的。

一、"化"作为"影响"的理解

就"化"与"人"之关系而言,"化"还可理解为一种影响。无论是教化也好,感化也罢,抑或是化导、化育,其最终意旨都是要通过影响施加促进教育客体或影响对象之思想、信仰或心念的转变。在这个意义上,"化"实是一种"影响"。此种"化",既可以是主体——由王者、师者、至亲等教化角色担当者对客体的一种影响施加;也可以是客体——普通民众个体自身所接纳的种种外在影响。此种影响既包括了视觉意象的"影",也包括了听觉意象的"响"。对客体教化所需的感官渠道,实以视觉意象与听觉意象的"影"与"响"最为重要,也最为关键。

在当代思想政治教育的学科语境中,"影响"一词可以说是一个使用得再频繁不过的字眼。研究者及教育工作者均认同"影响"一词在该学科中的重要性,并在日常工作及学术语境中频繁地使用该词。显然,研究者已经内隐地认同了"影响"在思想政治教育工作中的价值及重要性。但是,"影响"一词的古代词源是什么?其原初语境具体指涉什么样的含义?所有这些,无疑都被现代使用者所遗忘。此处特需强调的是,思想政治教育学科中的"化"在实质与根本意义上应理解为"影响",是一种影响施加与影响达成。只不过,此种影响施加是与政治统治及意识形态密不可分地联系在一起的。在正式阐述之前,这里首先对"影响"的原初含义及其思想政治教育启迪进行一番阐释。

(一)"影响"的语词溯源

"影响"一词形成的观念源头最早可以追溯到先秦的《文子》《尸

子》《管子》《荀子》《庄子》，甚至更早的古籍中。"影响"在当时的运用，又有其特定的语境、含义及理论意图。

1. "影响"一词产生的词源学考察

在古代中国，"影响"作为专门的语词使用频次较少。在《古代汉语词典》中，"影响"有两种含义。(1) 比喻反应迅速。《荀子·议兵》中有："下之和上也如影响。"(2) 比喻没有根据。王守仁《尊经阁记》写道："而世之学者，不知求六经之实于吾心，而徒考索于影响之间。牵制于文义之末。"①本研究用的"影响"接近于第一种含义，同时更是对其原初含义的扩展解读。"影响"一词早期曾出现在《荀子》一书中。《荀子·议兵》中写道："明道而分钓之，时使而诚爱之，下之和上也如影响。"意思是说，君主若能使百姓明了道与义，而且按等级对他们进行平均分配，适时地使用他们，真诚地爱护他们，那么百姓附和君主，就如同身影随着形体，回音应着声音。"影"之随"形"、"响"之应"声"构成了"影响"一词的原初含义。

在古代中国，"影""响"两个字多是分离使用的。"影""响"两个字共同出现在同一语句中，较早可追溯到《管子》《庄子》和《荀子》三部书中。（在汉代的一些典籍中也偶有显现）在这些著作中，"影响"运用的语境及指涉的内容又略有不同。在《管子》一书中，"影""响"两个字在同一语句中共出现过三次，分别为：

"君子之处也若无知"，言至虚也。"其应物也若偶之"，言时

---

① 《古代汉语词典》编写组. 古代汉语词典 [M]. 北京：商务印书馆，1999：1879.

适也,若影之象形,响之应声也。故物至则应,过则舍矣。

《管子·心术上》

然故下之事上也,如响之应声也;臣之事主也,如影之从形也。故上令而下应,主行而臣从,此治之道也。

《管子·任法》

如此,则下之从上也,如响之应声;臣之法主也,如景之随形。故上令而下应,主行而臣从,以令则行,以禁则止,以求则得。此之谓"易治"。

《管子·明法解》

《荀子》一书中也有关于"影""响"的论述:

且上者,下之师也,夫下之和上,譬之犹响之应声,影之像形也。

《荀子·强国》

上则能尊君,下则能爱民;政令教化,形下如影;应卒遇变,齐给如响;推类接誉,以待无方,曲成制象:是圣臣者也。

《荀子·臣道》

在《庄子》一书中,也有类似的语句:

大人之教,若形之于影,声之于响。

《庄子·在宥》

在《吕氏春秋》中,有:

<<< 第三章 "化"及思想政治教育学科的"化"之理解

由其道，功名之不可得逃，犹表之与影，若呼之与响。

《吕氏春秋·功名》

需要特别说明的是，"影"字在古代本作"景"，汉碑中始有"影"字，今先秦古籍之"影"字为后人改写①。"影"字在本文中采用的是"影子"的意思，意为物体挡光而产生的阴影。"响"在字源意义上意为回声②，《水经注·江水二》中有"空谷传响，哀转久绝"的字样。在古代汉语中，与"影响"词意最接近的有三个词，分别为："影附""影从"和"响应"。其中，"影附"意为像影子一样附身，引申为归顺。应邵《风俗通》有"四方影附"（天下归顺之意）的字眼。"影从"与"影附"的意思较为相近，贾谊《过秦论》中有"赢粮而景从"（"景"同"影"，"赢"为"背"之意）。"响应"则意为回声相应，比喻迅速表示赞同。贾谊《过秦论》有"天下云集响应"；《史记·淮阴侯列传》亦有"西乡为百姓请命，则天下风走响应矣"。

2. "影响"的原初语境及语义分析

可以看到，"影响"首先是以"影""响"两个字共用在同一语句中的形式出现的，后来才逐渐演变成一个专门的词语。在《管子》一书中，对于"影""响"的运用采取的是一种类比的方式，用以比喻王者的治化之功。其中，"影"与"形"是配合使用的，而"响"与"声"是连在一起的。《管子·心术上》中指出，（君子）"应物也若偶之"，其效

---

① 张双棣，陈涛. 古代汉语字典[M]. 北京：北京大学出版社，1998：975.
② 任超奇. 新编古汉语常用字字典[M]. 武汉：崇文书局，2006：517.

果则是"若影之象形,响之应声"。《管子·任法》则从君臣上下关系的角度指出,"下之事上也,如响之应声也;臣之事主也,如影之从形也。故上令而下应,主行而臣从,此治之道也"。《管子·明法解》中则有这样的语句:"下之从上也,如响之应声;臣之法主也,如景之随形。故上令而下应,主行而臣从,以令则行,以禁则止,以求则得。"

从上面这些语句我们可以看到,"影""响"的应用是与"形"和"声"分不开的,以此来比喻下对上、臣对主的遵从与忠诚,比喻上令下行、上禁下止、上求则得的效果。然而,如何才能达到这种"影之象形,响之应声"的效果呢?当是时,王者之"治"需采取一系列特定的王道之术及礼法之化。就《管子》及《荀子》产生的特定时代背景及理论意图而言,它们主要是为王者服务的。其中关于"影""响"的比喻,也主要是为王者规治臣下服务的。在其著者看来,为达到"治"的目的需采取一系列手段及措施,如礼法并重、政教并行、权修治化、心术修炼,以及牧民、形势、权修、七法、重令、法法、匡正、制分、正名等一系列措施,以达到规治臣下继而治理国家的效果。

3. "影响"的源初理论意图

"影响"一词的运用,受限于当时特定的时代背景及其服务意图。治理臣下、化导民众成为"影响"一词在当时使用的特定理论意图。就《管子》《荀子》及《庄子》而言,三个文本中"影响"运用的理论意图又有所不同。其中,《管子》一书中,"影响"的运用主要是针对君臣关系而言的,强调君主采取特定的法、势、术、德、威等多种方法来治理并驾驭臣下。《荀子》一书中的"影响",主要强调臣子对于民众的德化、感化、教化，虽然也强调"治"的作用，但是更强调"德"及"教"的作用。它所服务的主体，不是"王者"，而是介于王者与民众之间的"臣"。《庄子》一书中的"影响"，服务的主体则是"大人"。这种"大人"可以是王者，也可以是臣，最重要的是得道之人。

此三部书中"影响"运用的服务目标，与当今思想政治教育之间存在较大区别。首先，在服务对象方面。从当时"影响"运用的语境看，它主要是为王者服务的，而当下的思想政治教育则是为了提升民众、凝聚人心、规范思想。其次，在服务意图方面。当时的"影响"主要是为了统治、治理，是为了达到"治"的效果，而当下的思想政治教育除这些目的之外，还有提升民众素质、模塑国民价值观念的目的在其中。最后，在采用的方法方面。当时强调"影响"的重点在于君主的德行感召力量，强调德化、感化作用，看重君主的治驭之"术"；当下的思想政治教育则已形成体制化的教育和工作方式，并且注重运用现代媒介技术，以往那种单一的、静止的、封闭的教化方式已很难适用。

（二）"影响"及其含义的扩展解读

对"影响"的原初意义进行扩展性解读，可以得出更为丰富的思想内涵。

1. 从"形之于影"到"声之于响"

通过对"影响"的原初语境考察，我们知道"影"与"形"是联系在一起的，"响"与"声"是紧密相随的。其中，"影"与"响"是效果，"形"与"声"是效果产生的源头。也就是说，"影"是依附于"形"而存在的，"响"是依附于"声"而存在的。日常话语中人们常说的"形影不离""形影相随"正是从这个意义上讲的，只是后来才慢慢地衍生出今天常识化的用法。

首先，就"形之于影"而言。任何"影"都是依附于"形"而存在的。如果缺失了本体的"形"，那么"影"这一虚景也就不存在。但问题是，并不是任何时候"形"都会产生"影"，并不是所有的"形"都会产生相同的"影"，而且即使是同一"形"在不同的时刻也会产生不同的"影"。重要的是，"影"之产生仅仅有"形"是不够的，同时还需要有"光"的存在，这两者缺一不可。此外，"形"的本体如何？"形"本身的状态如何？"形"本身的神采与光彩如何？"形"本身的位置势能如何？"形"相对于"光"的角度如何？所有这些都影响着"影"的形状、质量以及"影"对于"形"的依附度。然而，如果形体完全处于黑暗之中，那么"影"也就不存在了，更无所谓达到所谓的"影响"。

其次，关于"响之于声"。"声"构成了回音的源头，任何"响"首先都需要有一个"声"的发源体，还需要在适宜的条件下才能产生回声，而且，并不是所有的主体都能感知到"声"的存在——如耳聋之人很难感知到声，耳背之人感知声也甚是困难。在绝大多数情况下，"响"都是依赖于"声"而存在的。依据古代人的观念常识，"响"定是依赖于"声"而存在，脱离了"声"也就无法达到"响"的效果。

最后，"影""响"与人的视与听。无论是"影"还是"响"都是依赖于人的感官而存在的，都依赖于人的感知功能。其中，"影"依赖于人的视觉机能，"响"依赖于人的听觉机能。视觉与听觉，是人类感知世界最重要的两种方式。"影响"的古义是从人们的常识观念角度出发，从人类感知世界的两种最重要方式——视觉与听觉——来说明"影响"的作用方式。这同时也说明，政治教化施于客体并发挥效力，有两种最重要的感觉途径——视觉与听觉，更多时候则是在视觉与听觉两者配合下发生的。无论是"影"还是"响"，都依赖于人的感知机能而存在。在现实生活中，有些人只可以感知到"影"，而无法感知到"响"；还有一些人只能感知到"响"，而无法感知到"影"；对于极少数的人，"影"与"响"都无法感知到。对于一些人而言，他们更倾向于接受"影"的作用，而对于另一些人则更倾向于接受"响"的作用。对于政治教化主体而言，无论是欲达到"影"的依随，还是欲达到"响"之回应，都需依赖客体之人的主体感知条件，与人的身体感知条件及内心接受意愿联系在一起。

2. "影响"与认同及内化

"影响"的本质就是"作用"，是一种"作用力"的施加，本质上是对自我之外的他者所施加的一种朝向主体导引方向的作用力。意在通过这种作用达到良好的礼治、教化、导引、规范的效果。在先秦时代背景下，各诸侯国的君主所要达到的目标主要是治理国家、管理臣下。至于如何才能达到这样的效果，当时为统治者服务的各派学者们纷纷提出自己的见解及主张。其中，有的强调"礼"的作用，有的强调"仁"的作用，有的则强调"无为"，有的强调"治术"，有的强调"法势"，有的则强调"刑罚"。从春秋到战国，这种思想的主导态势慢慢地由理想的愿景逐渐让步于现实的、弱肉强食的生存法则。主导的思想从最初仅仅强调"仁"，到后来慢慢地强调儒法并重，再到最后的法家胜出。从《管子》及《荀子》的成书时间可以看出，当时正是儒法并重的时期。

　　实际上，春秋战国时期诸侯国的"王"都处于一种独有的位置。面对弱肉强食的诸侯纷争，以及国家与自身或存或亡的境地，通过各种途径实现国之治理及位之存留，成为各诸侯国君面临的最严峻的现实问题。当时的各学派几乎都以自身的学说能服务于王者为最大的愿望。诸多学派无疑从历史与现实中发现了君臣关系在国家稳定、王位稳固中的重要作用，因此都积极地在此方面进言、论辩或著书立说，以期日后能服务于王者。那么，如何保证王者的命令发出即能得到有效的执行？这将成为相关学说阐发及确立的关键，而利用法、术、势，运用礼、法、恩、威，猜度臣下心理、利用臣下的相互掣肘达到控制群臣的目的，等等，都构成了王者的必备法器与心术修炼之术。

　　实际上，王者实现对臣下的"影响"有其独特的有利条件。一是王者的威仪势能；二是王者所具有的臣属资源、军队资源、民众资源、监狱资源、财富资源等。王者独特的角色所具有的权威势能构成了教化、治理及影响臣下及民众的独到资源。但问题是，并不是所有的王者都能驾驭自身的有利条件并实现对臣下的有力影响。有的王者贪溺玩乐，荒于政事；有的王者缺乏明辨善恶、是非、奸佞的能力，为周围甜言蜜语、曲意逢迎之臣所蒙蔽；有的王者缺乏决断的能力与魄力；有的王者则因自身懦弱无能，慢慢地失去了所应掌握的权力，甚至被臣下杀死或篡权；有的则穷兵黩武，根本不管民众的水深火热，民众离心离德，远逃他国；有的根本不去思考、关注驾驭臣下、民众及治理国家之道。对于王者，如何利用自身所具有的资源、势能达到"治""强"甚至"霸"的效果，构成了王者成长过程中的必备修炼之术。因此，王者对于臣下的影响度、影响力以及影响的有效性甚为重要。

对于欲达成对个人及普通民众影响的思想政治教育学科而言,"影响"如何施加才能获得客体的认同?如何才能使客体达到内化的程度?这些都是思想政治教育学科所要关注的重点。

实际上,主体对客体产生影响的过程不可避免地涉及影响施加方的性格、智力、特点、能力,涉及影响施加方所处的社会位置、影响施加方采用的"术",还涉及对于客体的能力、心理、可能的反应等方面的猜度与判断。对于受到影响的客体而言,又存在三种情况。第一种情况是,表面的服从。这种情况下,臣下对主上的措施、命令、指令等并不认同,只是表面的遵行。有的则是阳奉阴违,并不真正地执行。这种情况下,臣下与主上是离心离德的。少数强势的臣下甚至会采取各种手段削弱主上的权力,慢慢地造成上弱下强、强臣凌主的态势。第二种情况是,臣下能够认同主上的措施、命令与指令,认同主上所倡导的各种观念及政治理念。只有在这种情况下,主上的威势才能得到贯彻和执行,才真正有利于王者的统治。第三种情况则是,臣下对主上有着始终如一的忠心,主上的命令、指令、政策等都能得到极好执行,真正地达到形下如影的效果。当然,也存在少数的忠臣对主上不正确的命令或指令的劝谏。但是,如果主上昏庸、荒淫、软弱、失察、失措、无能,忠臣便会越来越少,慢慢地臣下开始离心离德,很多命令、指令、政事难以得到有效的执行。因此,王者的德与能,王者的御下术都显得很关键。王者欲真正实现自己的影响力,就要努力获得"形下如影"的效果,就需要努力获得臣下及教育客体的认同。

实际上,任何影响的达成最终都需要客体能够认同于影响施加方。

只有经由他们的心理认同并最终走向内化，才能真正达到想要实现的预期效果。影响的达成与认同是分不开的。没有达致认同与内化，所施加的"影响"定将是无效或是效力不足的。

3. "影响"神化效果达成的智慧启迪

"影响"效果的达成可以是客体知觉到的，也可以是客体未曾知觉到的。影响效果的顺利达成就在于其所采取的独到的作用方式，按照古代教化论的话语可形容为"其化如神"，也即神化莫测、神而化之。欲达到影响的神化效果，就需通过客体最重要的感官功能，尤其是视觉、听觉这两个最关键的影响路径。

在古代的教化方式中，尤其强调礼、乐的作用。其中，"礼辨异，乐统同""礼主秩序，乐主和谐"（《礼记·乐记》）。其中，礼是一套尊卑有序、差别分明的规范系统。礼的原义就是"履"，也就是践行、效仿，而践行、效仿的首要前提就是能"看"到礼仪规范与礼义行为，有社会上层阶级倡导的礼仪可供下层民众效法，要有"礼"的形式与资源来提供民众可效仿的典范与榜样，提供视觉学习的效法资源。

《管子·心术上》中讲："礼者，因人之情，缘义之理，而为之节文者也。故礼者谓有理也。理也者。明分以谕义之意也。故礼出乎理，理出乎义，义因乎宜者也。"孔子强调"不学礼，无以立"。学"礼"，提供了一种从"形"到"行"的践履方式。有了上层的礼仪规范，才造就了下层民众的"影"，导致下层民众的"行"，最终化"风"成"俗"。

在古代教化实践中，采取的另一重要方式就是强调"乐"的作用。《尚书·尧典》中写道："诗言志，歌永言，声依永，律和声，八音克谐，无相夺伦，神人以和。"《礼记·乐记》中讲："凡音者，生于人心者也。乐者，通伦理者也。是故知声而不知音者，禽兽是也。知音而不知乐者，众庶是也。唯君子为能知乐。"《荀子·乐论》云："夫乐者乐也，人情之所必不免也，故人不能无乐。乐则必发于声音，形于动静。""夫声乐之入人也深，其化人也速。""乐"既是一种内心之和的体现，同时也是音声歌律达于人、影响人的重要媒介，浸润在"乐"的环境中才能使个体促进自我的改变及内心之和的达成，正如孔子所言，人应当"成于乐"。

"礼"与"乐"的教化是影响客体从"视""听"到"行"的重要路径。从君主角度来讲，对于民众，最重要的就是礼、乐的化导方式；对于臣下，最重要的就是采取法、术、势、德、威、感等多种方式。不管什么样的方式，最终都是为了达到神而化之、形下如影的效果。

二、"影响"之思想政治教育内涵与启迪

"影响"就其古义而言，无疑是王者治理臣下及民众时最希望达到的效果，是王者所欲达到的"治"之奇效与"长效"。在管子学派看来，王者治理的有效性就在于，有"形"就一定要有"影"，有"声"就一定要有"响"。有"形"就马上产生"影"，有"声"就立即可以听到"响"。而且，这种"形"与"影"、"声"与"响"要求有一定的时效性。因之，"影响"的古义探寻及其现代解读，无疑对于当代的思想政治教育具有重要启示。

首先，"影响"提供了视觉与听觉这两种对人施加作用最直接、最有效的感官方式。"视"与"听"，乃是人体最重要的感知世界、接收

外界影响的方式。对客体的影响欲达到最佳效果，是避不开"视"与"听"这两个感官媒介的。在现代社会的技术与信息条件下，在多元化的现代性世界中，如何通过信息媒介、传播媒介、体制媒介、生活媒介达到思想政治教育的工作目的，抓住"视"与"听"这两个关键的感官媒介尤为重要。尤其是在现代复杂性信息条件下，个体所接收的信息异常丰富多元，在这种复杂性条件下，如何运用新的技术、信息、传播媒介影响人们的"视"与"听"，进而影响人们的"思"与"行"，对于新时代的思想政治教育尤为重要。

其次，"影响"达成的资源、技巧对思想政治教育的启示。影响的达成，需要足够的资源、技巧、方式的合力才能达成预期的效果。按照"影响"的扩展理解，仅仅有"形"还不足以达到"影"的效果，而且相同的"形"也未必能在所有的时间都产生"影"。那么，"形"态如何，"形"显何时，"形"居何处才能有效地实现所欲达到的"影"？这些都需采取恰切的势术技巧、情感感化以及道德濡染。

再次，"影响"的达成需重视客体的认同。影响的达成，绝不是主体的单一作用因素所能决定的，它还取决于客体的认同与否。客体的认同与否乃是影响达成的一个必不可少的构件。无论主体采取什么样的教化资源和教化手段，最终都要看客体能否认同。客体的认同与否，乃是评价思想政治教育工作有效性最重要的评判标准。那么，在思想政治教育过程中采取多种途径摸清客体的心理与态度，了解他们最关注什么，最在意什么，什么样的教化方式是他们愿意接受的，什么样的教化方式是他们反感的，什么样的信息媒介、传播途径、教化方法是他们最愿意接受的，这些都构成了思想政治教育工作达成的有效前提，构成了思想政治教育客体认同的前提条件，也构成了"影响"有效达成的前提条件。

最后，"影响"的达成需注意多重因素、多种方式的合力作用。"影响"的达成，无疑需要诸多前提条件的准备，需要驾驭之术的训练，需要多种方式的合力作用才能达到。当代的思想政治教育工作同样需要多种方式的合力作用。在当代，以往通过简单"说"与"听"的灌输方式达到上行下效的教化理想已很难实现。在当代复杂性社会条件、信息条件下，人们接收的信息更为多元，所接受的影响因素异常复杂，以往简单、刻板、空泛的思想政治教育很容易招致反感。在这种情况下，采取丰富多元的、吸引人们兴趣的教育和感染方式尤为重要。在教育过程中，既要注重体制化的课堂教育方式，又要注重工作中的规范导引方式；既要注重传统的书籍媒介作用，又要充分利用当代新的信息媒介作用；既要注重社会正能量的宣传，又要注重感化、感染、暗示、无意识的影响方式；既要注重客体"知"的层面，又要注重情、意的层面；既要注重思想政治教育的"化"导方式，又要注重教育客体此前的经历；既要注重影响的即时效果，又要注重影响持续的长期性。

此外，还需要注重对促进影响达成的视觉、听觉媒介的有效利用，注重"视"与"听"的作用媒介、作用方式、作用时间的持续度，以及作用设计的巧妙度。思想政治教育所施加的"影响"，更应注重从视、听到言、行，从"感"到"心"。注重从"形"到"行"，从声响到共鸣。就当今的思想政治教育而言，同样需要注意"影响"作用的合力达成。

第四章

"认同"及其思想政治教育内涵

"认同"乃是当前思想政治教育领域经常用到的一个词语。就历时性维度而言,先有其他学科的"认同"研究,后有思想政治教育学科"认同"研究的借鉴与移植。因此,本章首先对多学科领域中的"认同"概念进行理论梳理,在此基础上评述分析三十余年来思想政治教育领域的认同研究,继而阐明思想政治教育领域"认同"概念所蕴含的学科特质性,最后阐明"认同"在思想政治教育学科中的重要地位。

第一节 多学科领域中的"认同"概念梳理

"认同"问题乃是多学科领域研究关注的一个焦点。无论是哲学、社会学、心理学、教育学,还是民族学、政治学、文化学、传播学、人类学对"认同"问题都有着特别的关注。就词源来讲,"认同"的英文对照词为"identity",在国内曾被译为身份、认证、认定、自居作用、同一性等。关于"认同"的研究又可细分为自我认同、社会认同,政治认同、民族认同、种族认同、文化认同、身份认同、价值认同,内隐认同、外显认同,认同危机与认同整合等不同的主题。

在西方哲学史中,约翰·洛克(John Locke)首次将"认同"发展为一个哲学概念。哲学领域的"认同"就其内涵而言,主要是对自身生存状态及生命意义的深层追问,是对自我价值及意义的甄定与确认。

在心理学领域,弗洛伊德最早使用"认同"(早期国内学者曾将其翻译为"自居作用")这一概念。依照弗洛伊德的观点,"认同是把某人的特征加到自己身上以某人自居,所以也称为自居作用。在弗洛伊德的理论中,认同在儿童的心理发展中具有极重要的作用。处于俄狄浦斯情结或爱勒克屈拉情结阶段的儿童,只有通过对异性父母的认同,恋母或恋父情结才能得到解决。以后儿童认同的对象又从父母扩大到亲属、师长、同伴、有成就的名人以及理想人物等,经由模仿、内化,使自己在行为方式、态度、观念、价值标准等方面与他人趋于一致。认同是影响人格发展的重要因素之一。作为防御机制的认同是指个体在现实生活中,如遭受挫折不能获得成功的满足时,即模仿甚至比拟其他成功的或厉害的人物,或比拟幻想中的偶像或强者,以此在心理上分享其成就或威严,从而减消因挫折而生焦虑的痛苦"[①]。在弗洛伊德的理论中,认同既是影响人格发展的重要因素,同时也是个体心理防御机制的一种。此后安娜·弗洛伊德(Anna Freud)的学生,曾长期被认同问题困扰的精神分析学家爱利克·埃里克森(Erik H Erikson)将"认同"的概念

---

① 李庆华,奚彦辉. 试论"认同"在大学生思想形成中的作用[J]. 思想政治教育研究,2009(5):25-29.

发扬光大。埃里克森对"认同"的概念加以改造，使其更为系统化与理论化，并成为埃里克森心理学分析的基础柱石。在《同一性：青少年与危机》一书中，埃里克森将"认同"看作青少年人格及其自我形成的重要机制。埃里克森将人的一生分为八个阶段，其中每一阶段都面临一定的危机。人生的第五阶段也即青年期面临的主要危机是"同一性对角色混乱"。在埃里克森看来，所谓自我认同感，就是一种熟悉自身的感觉，一种知道自己将会怎样生活的感觉，它"是一种自然增长的信心，即相信自己保持内在一致性和连续性的能力"①。按照埃里克森的观点，心理学中的"认同"主要是自我认同。自我认同又包括个体性、整合性、一致性和连续性以及社会团结性四个方面。这四者分别是对自我在时间上的内在相同性、连续性的觉知；对人格连续性的一种潜意识追求；对个人以往各种身份、各种自我形象的整合感；对未来理想职业的向往和作为社会成员的意识，也就是个体同一性及其在民族、政治、宗教等意识形态上所标明的集体同一性在个人心中一致性的保持。

　　同样是在心理学中，社会心理学中的认同概念更是别有一番意味。在社会心理学中，"认同"是个体态度转变的必要环节，是"服从"与"内化"的中间阶段。具体而言，在社会心理学中，服从、认同、内化表征着个体态度转变的不同阶段。其中，服从是在外在压力或权威迫使下，做出的一种以言语或行为表现出来的短暂性顺从倾向。服从与外在压力有着重要关联，一般持续时间较短，一旦外部压力解除，服从也就

---

① 叶浩生. 心理学理论精粹［M］. 福州：福建教育出版社，2000：64.

随之改变，服从并不意味着认同，它在表面发生且极易解除。认同则是服从的进一步深化，与外在服从不同，认同是对某种价值的认定，表示内心接受一种价值，体现了主体的自我选择能力。

在安东尼·吉登斯（Anthony Giddens）看来，认同主要分为自我认同与社会认同两种。其中，自我认同"是个体依据个人的经历所反思性地理解到的自我"①，而社会认同是指"人在特定的社区中对该社区特定的价值、文化和信念的共同或者本质上接近的态度"，由此，人的认同危机不仅包含着"人的自我感"和"内在深度感"的危机，同时也包含着"人与他者的关系以及人与他者的关系中形成的意义感、价值感和地位感的危机"②。

除了上述领域的认同外，民族学领域、民族认同以及民族文化认同问题也备受关注。民族认同主要关注民族成员对自身民族归属、民族情感、民族价值、民族文化等方面的认同。在政治学领域，认同则主要关注民众对国家及政府政治的认同，具体包括政治认同、文化认同、国家认同、民族认同等。在文化学领域，文化认同重点关注文化变迁、风俗形成、政权稳定、民众观念的形成与变化之间的重要关联。而在传播学领域，"认同"研究则主要关注崭新的传播媒介如电视、电影、网络、智能手机等对民众价值观念认同的影响。需要加以说明的是，思想政治教育领域的"认同"理解是在广泛采择其他学科"认同研究"的基础上发展而来的。上述这些学科的"认同"研究，无疑对丰富思想政治

---

① 王成兵. 当代认同危机的人学解读［M］. 北京：中国社会科学出版社，2004：9-19.
② 贾英健. 认同的哲学意蕴与价值认同的本质［J］. 山东师范大学学报（人文社会科学版），2006（1）：10-16.

教育学科的"认同"理解具有重要意义,而思想政治教育有必要充分借鉴这些学科的"认同"研究资源。

第二节 三十年来思想政治教育领域的认同研究评论

"认同"问题乃是当前思想政治教育研究的一个热点。在当今的思想政治教育领域,"认同"研究亦如火如荼地进行着。需要承认的是,思想政治教育领域的"认同"研究是在广泛借鉴其他学科"认同"理论的基础上形成的,有着基于自身学科背景的独特理解。思想政治教育中的"认同"研究根据不同的目的指向而涉及不同的子维度,如政治认同、文化认同、思想认同、价值认同、社会主义核心价值观认同等,这些都构成了当前学科探讨的重要主题。

在当前思想政治教育学科中,"认同"研究已发展到何种程度?都取得了哪些进展?这些研究具体涉及哪些层面?研究过程中存在哪些缺陷与不足?这些研究可以为我们提供哪些借鉴?所有这些问题都是当前思想政治教育的相关研究者所应重点关注的。系统梳理三十余年来思想政治教育领域的"认同"研究,可以更好地厘清思想政治教育的"认同"概念及内涵,并对思想政治教育领域"认同"研究的现状、发展趋势、主要问题、研究的重点与热点等有更全面的认知。本书正是基于以上思考所进行的一次系统梳理。

一、思想政治教育认同研究的历史特点分析

通过文献查询及梳理可以看出,思想政治教育领域的"认同"研究虽然早在20世纪80年代就已起步,但是,直到21世纪才开始成为研究热点。尤其是在2010年以后,研究数量更是成倍增加。我们不得不承认,21世纪以前思想政治教育领域的认同研究数量是极其有限的;21世纪的最初十年思想政治教育认同研究数量增长较快;2010年以后此类研究开始有了飞跃性的进展。之所以会产生这种历时趋势,依笔者之见主要有三方面的原因。

其一,"认同"原为西方学术概念,非本土原生,其他学科对于"认同"研究的重点关注主要是从20世纪90年代末才开始升温,21世纪初才开始成为热点。而思想政治教育认同研究,很大程度上是对其他学科认同研究的借鉴,因此,思想政治教育的认同研究由冷到热的过程,自然具有紧步其他学科研究的后尘而来的特点。

其二,由技术原因催生。在以往网络技术不发达的情况下,许多研究者对一些研究成果的了解只能通过单一的学术期刊论文查询方式。因此,在中国知网、维普网、万方等媒介尚未普及应用之前,研究者的研究方式只能是孤立和封闭的,"认同"在当时也很难成为一个具备"普遍热度"的学科术语。

其三,还与思想政治教育对于学科问题的不断深化有关,这也反映了思想政治教育学科自身不断成熟的过程。因为思想政治教育学科建立的早期,无论是工作方法还是教育方法,都更侧重于灌输,客体只能接受。认同概念成为思想政治教育热点的过程,从深层次反映了思想政治教育理念、方法不断完善的过程,反映了思想政治教育理论不断深化的过程。

二、思想政治教育领域认同研究的现状分析

思想政治教育领域认同研究的现状分析，大体可从研究主题、研究成果形式方面展开。

在研究侧重点方面，马克思主义大众化认同、社会主义核心价值观认同、文化认同为研究数量之最，其次则为政治认同研究。此外，国家认同、民族认同方面的研究也占有较大比重。

以价值认同研究为例，思想政治教育的价值认同研究主要自20世纪90年代初展开，并在多个分化的主题上取得研究成果。具体而言，此类研究主要体现在价值论领域、社会主义核心价值体系、其他社会主义主导观念、大学生群体的价值认同、价值认同的培育与建构、价值认同为视角的研究、思想政治教育与价值认同的专门理论探讨等方面。目前，研究成果较为突出的主要体现在价值论领域的价值认同、社会主义核心价值体系的价值认同、大学生群体的价值认同、价值认同的培育与建构四个方面。在价值论研究中，较突出的成果主要是由方旭光、汪信砚、贾英健等学者做出的。在社会主义核心价值体系的价值认同方面，谭培文、莫凡等做出了较为突出的贡献。在价值认同与思想政治教育的关系方面，李辉等做出了较为重要的贡献。

以文化认同研究为例，当前研究的特点表现为：目前专门论述"思想政治教育"与"文化认同"关系的理论性文章仍比较少，只有苏振芳和张驰做过此类研究，而且苏振芳的论文主要是围绕大学生思想政治教育中的文化认同问题展开的。就研究的对象群体而言，当前大学生文化认同类的研究占到了研究成果总量的一半以上；另外，还有以

"文化认同"为视角的研究数篇；少量关于社会主义核心价值观的文化认同研究、军人军歌的文化认同研究、城镇居民的主流文化认同研究、马克思主义中国化的文化认同研究，以及网络媒介下的文化认同问题研究。网络媒介下的文化认同研究，无疑代表了当前的时代精神，具有研究开发的巨大潜力。在这方面，最为经典的研究是由杨建义做出的。其文章《新媒体对大学生文化认同影响的多维探析》就是探讨新媒体对大学生文化认同的影响，并对当前大学生文化认同问题进行了理论反思。此外，通过杨建义和魏玉皎二人各自的研究可以看到，新媒体对大学生文化认同的研究尤其是实证研究，有望成为未来思想政治教育领域文化认同研究的重要创新点。

在研究成果的形式方面，目前思想政治教育领域认同研究的成果还相对较少，成果形式也比较单薄。相关的著作较少，成果多以期刊论文为主，硕士、博士论文较多。研究专著的不足在某种意义上说明了当前的研究还未达到它的顶点。当然，这还有待时间的积累与酝酿。

三、当前思想政治教育领域认同研究的弱点及不足

虽然近年来思想政治教育领域的认同研究产生了大量的成果，但就整体质量而言，无疑存在着不足。这种不足体现在以下几点。

首先，在研究方式方面。目前的研究多是按照认同的重要性、认同的现状与危机、认同危机产生的原因、可能的解决方案这样的步骤来进行的。而此类研究方式过多，不可避免地会导致研究方式的过度程式化、原因阐析的表面化、问题认识的肤浅化等，导致一些研究缺乏理论深度，缺乏理论的系统性及问题探究的深入性。

其次，在研究对象的选取方面。目前研究对象多是围绕"大学生"群体展开的。虽然大学生群体很重要，但大学生并不应是思想政治教育认同研究的唯一对象群体。很多人之所以研究"大学生"仅仅是因工作的方便。问题是，大学生是否真的就存在认同危机？研究者所提出的解决对策是否真的可行、有效？这些都有待商榷。

再次，部分调查研究的详细性、充分性、代表性问题。调查研究本意是从总体中选择最佳的样本，通过对样本的调查进而充分反映总体的状况。而调查研究可以有多种方法，既可以有定量研究，也可以有定性研究。其研究形式可以有问卷调查、口头访谈等多种形式，而问卷的编制本身一定要切中问题本身，使得问卷能真正反映所要调查的问题。目前部分研究的现状是，许多研究虽然以对大学生群体的"调查"为名，但实际论文中所显示出的真实调查却很鲜见，调查分析也有泛泛之感，令人怀疑调查本身的真实性。而且，一些研究缺乏对社会现实及文化现实的充分调研分析，缺乏细致入微的深入考察。

最后，在理论的系统性及深度方面。目前研究的理论深度及理论的系统性的确有待提高。研究系统性及深度的不足，既表现为论证的逻辑性、充分性不足，同时也表现为缺乏深层次的理论探究。具体而言，目前研究的主题范围仍有很大局限，缺乏新的且具有现实意义的研究主题之开拓。而且对于"认同"与"思想政治教育"关系之理论探讨与论证也有待今后进一步丰富与深化。

总之，目前研究存在的问题有：一是对于"思想政治教育"与"认同"关系的专门理论探讨依然较少，而且理论有待深化与系统化；二是在研究的过程中，存在缺乏充分调研分析的情况，对于数据利用分析的方式也过于简单；三是研究关注的对象群体往往过多地关注大学生群体，对其他年龄群体及职业群体、生活群体缺乏足够的揭示与反映；四是研究中也存在空泛化的倾向。此外，在思想政治教育认同研究方面的理论还有待深化。以价值认同研究为例，当前研究的局限主要体现在以下几个方面。

第一，部分维度的研究成果还相对薄弱。目前以青年人、军人及其他社会群体为主的价值认同研究还相对较少，以价值认同为视角的专门研究也不多。而且最主要的是，关于思想政治教育价值认同的专门理论探讨还较少，缺少有突出理论分量的研究成果。

第二，研究的深度及系统性有待进一步加强。此前，社会主义核心价值体系价值认同研究、价值认同的培育及建构类研究虽把握了主导方向，但此类研究却多缺乏理论的深度。很多研究仍停留在感性认知的层面上，有待进一步的理论深入。很多研究的理论品性还有待进一步加强，理论的系统性也需完善。

第三，缺乏对价值认同子维度及价值认同对应项关系的细致理论探讨。具体表现为：目前学界关于思想政治教育价值认同的研究，缺乏对思想政治教育"认同"其他维度关系的辩证分析，对价值认同与政治认同、文化认同、国家认同、民族认同、政党认同、道德认同等关系探讨类的研究还尚未真正展开，有待后继的研究者在此方面展开探究。期待后来的研究者，能够促进此类研究的深化与系统化。

四、思想政治教育领域认同研究的未来前瞻

就未来的发展态势而言，思想政治教育领域的认同研究无疑会进一

步增加，并有望在一段时间内持续成为研究的热点。政治认同、价值认同、国家认同、文化认同等无疑是这类研究的重点，而新媒体对认同的影响研究无疑有望成为未来研究的理论增长点。当然这与当前社会是由新媒体构成的网络社会、我们正身处网络时代有关，正是由于我们身处网络时代，当代人的认同问题才产生了新的问题。对于新媒体所致的认同研究，无疑有望构成未来研究的一个前沿热点。

从文化认同研究的历时性趋势展望而言，思想政治教育领域的文化认同研究主要自2006年始，这一年，王玉丰在《学校党建与思想教育》期刊上发表《试探大学生文化认同现状与成因》一文。此后直到2010年，思想政治教育领域的文化认同研究一直处于较慢的发展态势，文章数量也极为有限。于2011—2015年，则逐渐呈现出跨越式的发展，论文的数量与质量也大为提升，表现出较强的学术关注度。2013年、2015年更是达到研究的两个数量峰值——许多重要的研究成果多是在2013年做出的。而对于"思想政治教育"与"文化认同"理论关系的真正关注，是从2011年以后开始的。从2011年以后逐渐有了元理论层面的关注，而这很可能与"认同"问题成为思想政治教育研究的热点有关。

第三节　思想政治教育领域"认同"概念的理论探讨

"认同"这一概念在当前的思想政治教育领域已被广为使用，"认同"问题也已成为当今思想政治教育研究的前沿与热点。虽其如此，思想政治教育领域的"认同"研究仍存在诸多待解决问题，如许多学者对"认同"概念仅有着模糊、简单的感性认知；有的虽意识到"认同"在思想政治教育工作中的重要性，但却仅将其作为日常语词来使用；有的则简单地照搬其他学科的"认同"概念，对思想政治教育"认同"概念的特质性缺乏明确的自性认知。所有这些都是当前思想政治教育领域"认同"研究存在的问题，需要研究者进行专业的修正与完善，而本书正是在此基础上所进行的一种探究努力。

依笔者之见，思想政治教育领域的"认同"本质上是政治认同、国家认同、价值认同与文化认同。而思想政治教育认同状态的达成与"文化认同"又是密不可分的。此外，"内隐认同"构成了思想政治教育认同达成之独特生发机制。

一、思想政治教育领域"认同"概念的四重特质性维度

思想政治教育领域的"认同"概念，虽是在借鉴其他学科研究的基础上提炼而成，但却有着基于自身学科特性的独特内涵。这也是思想政治教育领域的"认同"概念区别于其他学科"认同"理解的关键特质所在。思想政治教育领域的"认同"，就其核心要义而言包括了政治认同、国家认同、价值认同与文化认同四重向度，是与政治目标、国家利益、价值内核及文化导引密不可分地联系在一起的。

（一）思想政治教育领域的"认同"首先应是一种政治认同

思想政治教育领域的"认同"首先应是一种政治认同，这是思想政治教育领域的"认同"区别于其他学科"认同"的首要特质。

关于政治认同，不同学者有不同的理解。在董雅华看来，政治认同

"在本质上是社会大众对政治体系的信任、信念和信仰。这其中既包含有人们对政治体系的认知、情感和判断,也包含有人们对政治体系基本价值的信念和信仰"①。在其看来,政治认同的合法性体现在两个方面:一是社会大众对政治体系基本价值的信念和信仰;二是社会大众对政治体系的忠诚与支持。当代中国的政治认同,既包含民众对马克思主义和社会主义的认同,又包含民众对中国共产党的领导及国家大政方针的认同。

复旦大学的方旭光认为,"政治认同是社会成员对现存政治系统、政治运作的同向性(或一致性、肯定性)的情感、态度和相应的政治行为。政治认同属于一定的主体所进行的政治活动的范畴,它既是主体对一定的政治对象认知趋同的过程,又是对一定政治对象进行政治行为支持的过程"②。依照李若衡的看法,"政治认同主要表现为人们对所属国家及国家政体、政府的归属感、肯定感,与人们的心理活动和社会的政治空气有密切的关系。其中,包括政府认同(政治效能认同)、意识形态认同、执政党认同和政治制度认同"③。此种认同,多是个体或团体基于自身的利益偏好、理想愿景所进行的主动或被动的选择,是认同主体政治意识的形成及变化过程。

客观地讲,政治认同首先是政治学中产生的研究范畴。按照政治学

---

① 董雅华. 政治认同:合法性与思想政治教育 [J]. 思想·理论·教育, 2002 (3): 7-9.
② 方旭光. 政治认同:思想政治教育的目标取向 [J]. 思想·理论·教育, 2006 (1): 7-12.
③ 李若衡. 政治认同与高校思想政治教育的实效性 [J]. 教育评论, 2013 (1): 83-86.

的理解，政治认同构成了政治主体政治活动的前提。作为政治统治的基础，政治认同直接关系到政治的稳定与发展。政治认同不仅是普通民众及政治主体的政治态度，还是一种现实的政治行为，同时亦是政治活动的实践结果。政治认同构成了国家政权及执政党存在与维系的社会心理基础。缺失了政治认同，也就失去了民众的政治支持，失去了政权存续的合法性基础。近年来，思想政治教育学科逐渐转向对"政治认同"的关注。

思想政治教育领域的"认同"首先应是一种政治认同，这是与思想政治教育学科创立的实践目的及根本宗旨联系在一起的。思想政治教育实践的一个重要目的，就是要获得民众对当前政治主体及政治运行系统的认可与赞成，是要赢得民众对当前政治的认同。民众认同与否，认同的深度及广度如何，都在心理层次上影响到政治的稳定、繁荣，并进一步影响到一个国家的和平、稳定与安宁。政治的繁荣、稳定及昌盛与否乃是一个国家与文明进步的重要标志，也是百姓安定、康宁、幸福的前提。政治的和谐、有序、先进、人本化，同时亦是社会文明得以维系的保证。而思想政治教育的一个题中应有之义就是要通过化育体系与化导实践促进政治的安宁与稳定。因此，思想政治教育所欲获取的"认同"首先是一种政治认同，是对一种政治制度、政治体制、政治治理等方面的先进性、合理性、合群众利益性、合民意性、合时代性的认同。同时，也是欲通过政治制度及政治运行的先进性、合理性、合国家利益、合民众利益的宣传化导实践获得民众的认同，继而团结人心，凝聚力量，实现稳定与发展。

特需说明的是，一个时代的政治治理与政治统治只有在获得民众普遍的"政治"认同之后，才能从根源层次实现国家稳定、民族发展与社会进步。政治认同不仅对于执政党具有关键价值，对民族、国家、社会亦有着非凡的意义。因此，"政治认同"理所当然地构成思想政治教育"认同"的首要目标及最终旨归。

（二）思想政治教育"认同"的目标定位之一是国家认同

"国家认同"是近年来学术研究的一个热点。思想政治教育所欲达致的认同，其中一个关键目标就是国家认同。所谓"国家认同"，在江宜桦看来，是"一个人确认自己属于哪个国家，以及这个国家究竟是怎样一个国家的心理活动"①。李崇富则将"国家认同"界定为"是指认识主体对自己生活于其中的，并作为认识客体的国家持有肯定性的认识、态度、情感及信念"②。王卓君与何华玲认为"国家认同"兼具"认同感"与"认同行为"的双重内涵。具体而言，国家认同包括三个方面："首先是认定自身属于这个政治共同体，亦即公民身份的自我认定，这是先赋的文化传统和后天政治制度结合作用的结果；其次是对国家的制度文化等因素与自身的价值、信念进行对比后，强化或消除原先的国家认同的意识，这是个体自我成长和国家共同体构建双向互动的结果，同时也可表现为民族与国家的冲突和协调；最后才是因国家认同而生成实际行为，如制度性与非制度性的政治参与等。"③

---

① 江宜桦. 自由主义、民族主义与国家认同 [M]. 台北：扬智文化事业股份有限公司，1998：3.
② 李崇富. 马克思主义国家观和国家认同问题 [J]. 中国社会科学，2013（9）：5-15.
③ 王卓君，何华玲. 全球化时代的国家认同：危机与重构 [J]. 中国社会科学，2013（9）：16-27.

<<< 第四章 "认同"及其思想政治教育内涵

国家认同包含的内容较多，在金太军和姚虎看来，国家认同包括政治认同、民族认同、地域认同、文化认同、制度认同①；马文琴则认为，国家认同之中最重要的是政治认同、文化认同与历史认同②。在王卓君与何华玲看来，"国家认同一方面是公民对国家共同体的认同，是公民在文化心理上对自己归属/不归属于某个国家的认定，即归属性认同；另一方面是公民对国家政权体系的认同，是公民在将自己视作国家成员的基础上，对国家的政治、经济、社会制度的肯定，即赞同性认同"③。在心理层面，国家认同表现为对国家的忠诚感，这种忠诚感体现为民族自豪感、爱国热情和对国家的归属感。同时，随着现代国家公民主体意识的觉醒，国家认同还表现出很大的理性认知成分。

国家认同具有重要意义。普遍、有效、高凝聚力的国家认同是国家稳定的基础，是国家发展的重要前提，是国家绵延存续的重要保障。在当今全球化的背景下，受到现代性的影响，资本、交通、信息技术的飞速发展与扩张使得国家的传统界限日益受到冲击，国家认同亦成为问题。在这样的背景下，任何国家都成为全球经济体系的一部分，国家慢慢地失去了完全独立行动者的角色，国家的绝对自主性受到动摇。甚至少数不良分子，利用偏颇扭曲的民族观念，获取小部分少数民族群众的民族认同，继而以民族认同来挤占、掩盖对国家的认同。民族破坏分子通过歪曲民族认同与国家认同，继而扭曲民族成员的"国家"认同。

---

① 金太军，姚虎. 国家认同——全球化视野下的结构性分析 [J]. 中国社会科学，2014 (6)：4-23.

② 马文琴. 全球化时代的国家认同教育 [J]. 教育学术月刊，2008 (10)：9-13.

③ 王卓君，何华玲. 全球化时代的国家认同：危机与重构 [J]. 中国社会科学，2013 (9)：16-27.

在此情形下，树立并维护正确的"国家认同"显得至关重要。在这样的形势及背景下，作为国家和谐稳定维系工具的"思想政治教育"面临着全新的挑战。思想政治教育要想实现学科创立之初的理论及实践目的，确有必要以新的问题意识来处理时代及社会的新问题，有必要将"国家认同"纳入教育体系及工作实践过程中，纳入宏观思想政治教育中来。

在此方面，韦诗业认为目前的思想政治教育学"对涉及国家安全稳定并且归属于思想意识领域的民族认同与国家认同问题涉足不多、研究不深和回应不够，这与其承担的国家主流意识形态建设功能是不相匹配的"①。宏观思想政治教育理应充分重视民族认同和国家认同问题。有必要通过"国家认同"教育，使民众树立正确的民族观与国家观；使民众在中国这样一个多民族国家，树立正确的"国家认同"观念。通过"国家认同"教育与爱国主义教育的契合，思想政治教育可以使民众的"国家认同"更趋于理性化及显意识化。

（三）思想政治教育的"认同"实质是一种价值认同

思想政治教育领域的"认同"实质上是一种价值认同。关于"价值认同"，贾英健曾指出它"是指个体或社会共同体通过相互交往而在观念上对某类价值的认可和共享，是人们对自身在社会中的价值定位和定向，并表现为共同价值观念的形成"②。而在柳克方看来，"价值认同

---

① 韦诗业. 民族认同与国家认同——宏观思想政治教育学的重要论域[J]. 湖北社会科学，2013（9）：182-184.
② 贾英健. 认同的哲学意蕴与价值认同的本质[J]. 山东师范大学学报（人文社会科学版），2006（1）：10-16.

是指价值主体通过价值认知、价值评价、价值选择等活动不断改变自身价值结构,把一定社会的价值观念、价值规范内化为自身的价值取向,并外化为一定的价值行为的过程,表现为共同价值观念的形成,体现出社会成员在价值理想、价值取向和价值标准等方面的一致性和统一性"[1]。从以上论述可以看出,价值认同是指个体不断改变自身的价值结构以顺应社会价值规范的过程,它是社会成员对社会价值规范的一种甄别、选择、接受、遵循的心理过程。在这个意义上,它与哲学、心理学、社会学领域的认同有着基于学科主旨的区别。

哲学领域的认同,主要"源自个体对自身生存状态及生命意义的深层次追问,是对于价值和意义的追寻与确认";心理学中的认同,主要"强调的是人格、自我的确定性、统一性和连贯性";而社会学领域的认同,则"表征着对自我身份或角色合法性的确证以及人们对此的共识"[2]。与之不同的是,思想政治教育领域的"认同"本质上是一种价值认同,是对一种价值或隐或显的认定、确认与追求。思想政治教育领域"认同"的核心是对政府及社会主导的价值内核、价值理念、价值观念的认同。它是教化主体所倡导、灌输及希望达到的价值理念的被认同状况及程度。在思想政治教育学科中,价值认同构成了认同的核心问题,在当代社会发展中具有不可替代的重要性。它构成了国家软实力的基础,是社会和谐发展的保障。

价值认同构成思想政治教育领域"认同"的核心与实质,有其学

---

[1] 柳克方. 价值认同与大学生核心价值体系教育[J]. 辽宁师范大学学报(社会科学版), 2011 (4): 54-57.

[2] 李庆华,奚彦辉. 试论"认同"在大学生思想形成中的作用[J]. 思想政治教育研究, 2009 (5): 25-29.

科性的内在因由。从终极意义上讲,思想政治教育所欲达致的"认同"是对其主导观念的认同;而任何观念都包含某种价值,都有某种价值内核作为存续的支撑。思想政治教育本质上就是要通过化导宣传及工作实践,促进受教化客体的观念变化与生成,也即价值认同。价值认同作为"在实践基础上形成和发展起来的个体对社会核心价值从内心深处产生的认同,是社会核心价值认同化的过程"[1],它具有主体性、互动性和生成性等特征。价值认同构成了认同的内核与基石,决定并支撑着个体认同体系中其他层面的认同定向与认同选择。

就受"化"客体本身作为"主体"的层面而言,客体本身并非可以任意填装的空水桶,而是一个有着自己的思想意识、情感体验、意志判断、行动意向的活生生的人类个体,能够根据自己的偏好、情感、意向、判断等做出自身的选择。这个过程伴随着或接近、体验,或甄别、定向,或选择、拒斥等一系列个体意识的内在精神历程。在此历程中,受教化客体最初接近、体验的可能是感性的经验,但最终做出甄别、选择、认同的则是作为观念灵魂的价值内核。虽然这个价值内核可能是好的,也可能是不好的,但终归有某种"价值"蕴居其中。个体最终所持有的价值内核,与思想政治教育主体所倡导的价值观念或相合、接近、契合,或反感、抗拒、排斥,最终导致自身对某种价值认同与否的心理现实。

总之,思想政治教育领域的"认同"本质上是一种价值认同,是教化主体所欲实行并最终导致客体对教化观念及礼仪规范或接受或拒斥

---

[1] 李辉,练庆伟. 价值认同:当代大学生思想政治教育的重要取向[J]. 学校党建与思想教育,2008(1):11-13.

的价值选择过程。价值认同构成了思想政治教育认同的内核。而且，"价值认同"往往以混成的形态存在，在性质上可"分为强制性的认同、生成性的认同和教化性的认同等相互交织的不同形态"，"是自发与自觉、主动与被动的辩证统一"。①作为辩证的统一体，价值认同是对立中的统一、冲突中的和谐。价值认同往往体现为过程与结果的统一，既是个体认同某种价值的过程，同时还是某种价值在个体身上得以实现的一种稳定状态。

（四）思想政治教育的"认同"还是一种文化认同

"文化"在人类社会中无处不在。只要有人的地方，就有文化；有文化，便有文化认同问题。尤其是在多种文化交织的现代性世界，人的文化认同问题愈发凸显。思想政治教育欲达致的文化认同，自然成为其学科内涵提升应关注的一个焦点。

关于"文化认同"，崔新建认为它"是对人们之间或者个人与群体之间共同文化的确认。使用相同的文化符号，遵循共同的文化理念、秉承共有的思维模式和行为规范成为文化认同的根据"②。而在张驰看来，"所谓文化认同，一方面是指个体对于所属主流文化具有强烈的社会归属感，具有在其所属主流文化氛围中保持与实现自身文化传承与创新的心理过程；另一方面，文化认同也是一种群体文化认同的感觉，是一种个体被群体的文化影响的感觉"③。文化认同的内容主要包括社会价

---

① 练庆伟，李辉. 当代大学生价值认同教育的困境及路径选择 [J]. 江苏高教，2008 (6)：108 - 110.
② 崔新建. 文化认同及其根源 [J]. 北京师范大学学报（社会科学版），2004 (4)：102 - 104，107.
③ 张驰. 思想政治教育过程中的文化认同 [D]. 长春：长春工业大学，2012：1.

规范认同、风俗习惯认同、宗教信仰认同、艺术认同和语言认同等方面。文化认同的类型既包含对外来文化的认同，还包含对自身所属文化的认同。按照笔者的理解，"文化认同"是文化观念作用于个体的过程中个体对相关价值及理念的认定、甄别与选择。其中，既有显意识的认知选择，也受无意识的文化影响。然而，无论是显意识的认知，还是受到无意识的影响，最终都是对某种文化的一种或亲近、接纳、偏好，或排斥、反感、偏见，也即认同或不认同。此处，突出强调了"文化"对个体影响的后果以及个体对于文化观念的定位与选择。

之所以强调思想政治教育的认同是一种文化认同，乃是因为"文化"构成了个体生存的必要空间。"文化"像水和空气一样为个体生存之必需，为生存之不可缺。人乃是文化意义上的人，接受文化影响的同时也就是文化"认同"或"不认同"的过程。尤其在现代性世界，新媒体技术无所不在的影响使得现代个体身处多种文化浸润的海洋中。在这样的现实挑战下，如何发挥正向文化的力量，传递正能量，实现积极文化的认同在当代世界尤其必要。这些自然构成当前思想政治教育所要解决的一个重要课题所在。而如何达致积极的、正向的文化认同，自然成为思想政治教育所要解决的工作目标。

二、"文化认同"与"内隐认同"的重要作用

在思想政治教育"认同"的达成过程中，有两个重要的子范畴起着重要的作用，它们分别为"文化认同"与"内隐认同"。

（一）"文化认同"是思想政治教育认同形成的主导路径

文化认同是思想政治教育认同达成的主要路径。这是与"文化"

作为观念传递载体的媒介功能密不可分的。经由"文化"才能传递思想，才能形成价值观念，才能形成观念定位与选择。无论是政治认同、国家认同，还是价值认同，抑或对某一具体文化的认同，均需经由"文化认同"而形成。

首先，政治认同、国家认同是伴随文化认同的影响而生成、变化的。在广义层面，无论是政治制度、政治媒介、政治知识，还是国家的历史、国家的观念、国家的制度都是文化的构成，是文化的组成。思想政治教育的教化过程，即是政治观念与国家观念的灌输、导引、规范、化育的过程，也就是以"文"化"人"的过程，是借由"文"之载体进行的。文化无所不在的影响力，通过作用于个体已经形成或正在形成的政治认同与国家认同，使个体形成或强化对已经形成的政治信念、国家观念的选择。需要特别指出的是，政治认同、国家认同更多是包裹在文化认同之中，是文化认同的伴生物。个体或群体在自然认同某种文化的过程中，也就认同了该文化所内生的或衍生的政治理念及国家理想。

文化认同对政治认同、国家认同具有重要意义。"从个人的层面上，文化认同首先引导着个人的社会文化认同和自我认同，同时影响着人类对于民族文化的忠实与热爱，从而保留其民族文化的先进，并将此纳入个人的价值理念深层次的心理构造之中。在社会层面上民族文化与文化认同在凝聚力的整合和辨析多元文化中的人类群体使之成为文化群体。"[①]这些都在间接层次上表明，文化认同为个体和群体提供了文化归属与心理支持，继而营造良好的社会稳定的心理基础，有助于政治的稳

---

① 刘祖雯. 社会转型时期的文化认同与人的健康发展 [D]. 海口：海南大学，2012：23.

定及国家信念的凝聚。文化认同对于政治观念、政治体制、政治政策的认同，对于统一完整的国家理想及国家信念的形成都具有重要的价值。

其次，价值认同亦需通过文化认同模塑而成。价值之于文化，恰如"大海"之于"众沤"。价值是看不到的，是一种抽象，全凭点滴的文化现象得以显现及传播；"大海"同样仅仅是一个概念指称，而人们所能看到的仅仅是众多涓滴的海水、层层的海浪。正如熊十力先生所言，"譬如一大海，全现作众沤"。非"众沤"无以显现"大海"之存在。同样，非文化现象、文化现实、文化活动无以显现"价值"的存在。"价值"是抽象的，"文化"则是现实的、鲜活的、多样的、真实存在的。"价值"不能脱离"文化"而存在，唯有借助文化才能显现与传递自身。同样，价值认同的实现也需要借由"文化认同"的过程。个体价值认同的过程并非仅仅借由体制化的教育机构，并非仅仅凭借单一的体制化教育历程就能完成，而是在无所不在的文化濡染、文化浸润中形成的。因为价值本身极为多样，包含在不同的文化媒介、文化讯息之中，个体的价值认同同样需经由文化认同的过程方可形成。

总之，思想政治教育领域的"认同"与"文化认同"断不可分。政治认同乃是化导主体所欲达到的化育目标之实现状态，是一种引导力与规范力的实现；国家认同是民族国家维系的观念前提，是思想政治教育所欲达致的重要目标；价值认同则是教化主体所奉行的价值理念内核的最终成功传递或接续。无论是政治认同、国家认同，还是价值认同，都不能脱离媒介而径直地达致，均需要通过文化的载体作用而达致。单纯抽象的理念，必须借由现实的、真实的、具体的观念才能得到实际的传接。政治认同、国家认同与价值认同，虽然也可通过强制灌输、径直宣传的方式进行，但这样的作用方式太过简单，作用时间短，受力点少，受力过薄，对具有有意识的整个生命历程的个体难以发挥真正的影响力。

"文化"是人类创造的一切物质及精神文化产品的总称。在观念层面，文化包含了极为丰富的样态、内容与形式，它们一起构成了人类的生活世界，无时不移、无处不在地影响着人。任何个体对于教育场域及生活世界中的观念都在自然地进行着接触、辨认与选择。对趋近他们的志向、理想、偏好的观念更容易进行价值定向，做出选择。这一过程，正是文化认同的过程。思想政治教育所欲达致的政治认同、国家认同与价值认同，均需在这一过程中形成。无论是个体还是群体，其政治认同、国家认同、价值认同的形成过程都与"文化认同"密不可分，都需要经由"文化认同"才能最终形成。

（二）"内隐认同"在思想政治教育认同过程中的作用

"内隐认同"原是经由心理学而发展起来的一个概念。笔者在硕士论文《自我之他性假说——对于自我的一个新的理解之维》（2006）中曾使用这一词，后来李庆华教授与笔者在《试论"认同"在大学生思想形成中的作用》（2009）的文章中对"内隐认同"的概念进行过初步的理论阐述。笔者在《大学生思想形成的认同机制探究》（2011）一文中进行过较为细致的理论界定及特性描述。此外，西南大学的余林、王庆萍在论文《大学生对社会主义核心价值观的内隐认同研究》（2013）一文以及王庆萍的硕士论文《大学生对社会主义核心价值观内隐认同度的研究》（西南大学，2013）中运用过"内隐认同"的概念，并对其进行过概念阐释。在王丽萍看来，"对价值观的内隐认同，即个体对某种价值观念通过价值认知、价值评价、价值选择等活动沉淀下来的一种无意识痕迹,这种痕迹或其影响是个体在意识水平上无法觉知的,但它又潜在地影响个体对社会对象的情感取向、认识和行为;且对这种价值观的认同是自动激活的,它影响的是内隐的反应,即个体不能控制的反应或个体认为其不能表达认同而不加以控制的反应"①。

思想政治教育领域"内隐认同"概念的提出有其必要性。思想政治教育领域的"认同",虽然具有区别于其他学科的特质性内涵,但却有着与其他学科"认同"一样的发生机制。此一认同很大程度是一社会心理过程。恰如笔者曾论述的,"内隐认同"是与"外显认同"相对的一个概念。所谓"外显认同"是个体可以明确意识到对一种价值、文化或政治理想的认同,对于自己认同什么,不认同什么,为何认同都有着清晰的意识判断;而"内隐认同"则多是在个体未曾进行有意识觉知的情况下发生的,其所接受的影响也是自然发生的,对某种价值、观念、信条等的认定没有显意识的觉知,缺少对象化的、清晰的认知与反省。二者之中,"内隐认同"又起着主要作用。"内隐认同的'潜移默化'性在于,它以个体未曾觉知到的方式化掉个体原有的一些思想观念;以潜隐不显的方式,将一些外在观念移到个体的心中。此种影响的接纳,属于心理学中所讲的内隐认知、内隐学习,是对于一种价值的非显意识的认定。……在个体心理信念的选择中起着决定性作用。"②

在现实生活中,个体对于文化观念、教化目标、日常媒介的影响往

---

① 王丽萍. 大学生对社会主义核心价值观内隐认同度的研究 [D]. 重庆:西南大学,2010:10.

② 奚彦辉. 化与认同——思想政治教育实践机制的深层理论思考 [J]. 华北电力大学学报(社会科学版),2011 (2):124 - 131.

往未曾进行明确的意识自觉与对象化的分析。日常环境中的文化媒介信息无孔不入地环绕并影响着个体，个体的思想正是在这种无形的影响下内隐地形成。无论是对政治运行、政治体制、国家治理、国家观念的认同，还是对人生价值、自我价值、理想价值、政治价值的认同，抑或是对自身的文化归属、文化理念的认同，多以内隐认同的方式发生。此点类似于科学哲学家迈克尔·波兰尼（Michael Polanyi）所言的"默会之知"：虽然是一种"知"之达成，但是此种"知"又是不可言说的，很难用概念、推理言说。而且，"知"之形成过程多是自然而然地、不自觉地、在生活世界的浸润中形成的。此种认同一旦形成，就具有稳固性的特点，产生持久的影响力。内隐认同以其影响进行的不自觉性、发生效力的广泛性、他种价值选择的影响附加性、对个体心理信念与外在行为的决定性、认同价值改变的困难性等特点对个体及群体的影响尤为普遍、广泛、持久、深厚，有必要引起专业学者及工作者的重点关注。

总之，"认同"作为当前"思想政治教育"学科研究的一个热点问题，受到诸多学者的关注。系统梳理、分析思想政治教育领域的"认同"概念，对丰富"思想政治教育"学科的理论内涵有着重要意义。思想政治教育领域的"认同"具有区别于其他学科"认同"的特质性内涵：思想政治教育领域的"认同"首先应是一种政治认同；国家认同是它的定位目标之一；在本质上，思想政治教育领域的"认同"是一种价值认同；就认同的对象及路径而言，它还是一种文化认同。在思想政治教育认同的达致过程中，文化认同与内隐认同均起着重要作用，需要理论工作者的着力关注。

三、"认同"在思想政治教育学科中的重要意义

"认同"在当今的思想政治教育领域无疑有着重要意义。这种意义既是就学科发展而言，同时也是对工作实践而言。这种意义主要表现在如下方面。

第一，它是思想政治教育的教育模式从主客分离、主体独白走向主客对话、主体间性趋势的一种重要表征。只有当思想政治教育实践真正考虑客体的认同状况、认同机制、情感维度、需要维度、自尊与动机维度之后，才能摆脱以往单向灌输、生硬刻板的学科形象。

第二，它标示着思想政治教育开始由宏大叙事的灌输、倡导、宣传，走向细微个体思想形成、接纳外在影响的具体机制环节。从某种意义上讲它是该学科"致广大而尽精微"的开始。通过对教育实践及客体认同向度的认真调研，可以区分出政治认同、国家认同、价值认同、文化认同四个主要维度。在这些维度之下，又有政党认同、民族认同、社会认同、自我认同、族群认同等一系列层面的研究。

第三，它开始关注思想政治教育过程中存在问题的现实，并开始积极应对这种现实。开始认真关注客体的认同障碍、认同矛盾、认同危机等问题，而这些都是现实教育过程中真实存在的问题，只有直面这些问题，才有相关问题的良好解决。

第五章

"化与认同"与思想政治教育实践机制的内在关联

"思想政治教育"不同于其他学科的一个重要特点,就在于它并非一门纯粹理论性的学科。除了理论认知与理论反映之外,其首要任务是为政治意识形态服务的,有着鲜明的意识形态属性,而实践性是其重要特质。因此对于"思想政治教育"学科关注的理论重点必放在其实践层面,放在思想政治教育的实践机制层面。唯有通过实践机制的考察,方能更好地促进思想政治教育理论层面的拓展与深化。依照笔者的看法,"机制"之为机制,乃是一种结构化的功能,是一种在实践过程及实践的运行结构中体现出的功能。"机制"需在运行中,需在实践的运行中体现出来。思想政治教育的实践机制,同样需在思想政治教育的实践过程中才能体现出来,并且也只有通过思想政治教育的实践过程才能抽象出来,继之获得一种理论理解。本章的核心观点是:"化与认同"乃是思想政治教育实践的核心机制,"化"与"认同"这对矛盾的对立及辩证统一乃是思想政治教育实践过程需要关注的根本,是学科需关注的核心层面。

第一节　思想政治教育实践机制的相关理论探讨

"思想政治教育实践机制"这种说法，本身乃是理论工作者通过对实践分析总结得出的一种理论抽象。而对于思想政治教育实践机制的理论抽象，又是与思想政治教育的实践过程密不可分地联系在一起的。以下即对思想政治教育的实践过程进行一个初步的理论阐释。

一、思想政治教育实践过程

思想政治教育学科的独特性，在于它与现实的思想政治教育工作是密不可分地联系在一起的。因此，"实践性"尤其是政治及价值教化的实践性是它区别于其他社会科学的最独到的特征。

思想政治教育工作，具体体现在从宏观、中观到微观的现实实践过程中。在宏观层面，思想政治教育主要是全国地域或地区性的政策制定、纲领发布、精神宣传及价值导向。它是党和政府的执政理念及服务理念在全社会中的传达、灌输、传播、教育的系统工程。宏观层面的思想政治教育过程与党和政府的执政理念、口号宣传是紧密结合在一起的，同时，它也是以其专门的教化系统及各级机构作为影响实现的载体。宏观的思想政治教育过程，既是政府及执政党主导价值理念的正式、逐级向下传递的过程，同时也是主导的价值观念在其正规宣传机构及媒介载体中的传播过程。中观层面的思想政治教育，一般是作为顶层理念的传达者，同时也是对下层客体的影响者、施化者及监督者。此种类型的主体可以是一个部门的专门机构,负责机构或社区的整体性教育宣传或教育督促活动,是对宏观层面教育的延伸和具体化,也是对微观过程的督促、带动和导引。微观层面的思想政治教育,一般是针对个体或小型群体而生发的。微观层面的思想政治教育总是有具体的教育者以及具体的受教育者。微观层面的思想政治教育是整个思想政治教育的最后一环,是宏观思想政治教育过程传递的末梢。虽其如此,并不表示末梢不重要。因为致广大之道唯在其精微,末梢的坏死或退化可能会威胁整体生命的存在。

无论是宏观、中观还是微观层面的思想政治教育,从其最初产生教育动机或是接受相关任务,再到此类教育、宣传过程之实行,以及受教育客体受到影响施加或感染启示,都表现为一种过程,都需要不同的步骤、阶段甚至曲折才能实现或完成。作为现实的一种思想政治教育过程,不可避免地要涉及思想政治教育的主体、客体、资源、环境、载体等基本要素。在这些要素之中,又可具体细分为不同的角色对象,不同的资源、环境及载体类型等。而这种细分,只有针对具体的思想政治教育才能有真实的意义。同时,除了这些基本要素之外,还有很多要素阻碍思想政治教育效果的有效达成。这些要素既有客体本身的因素,也有环境的因素、资源选用的因素、教育载体及教育方式的因素。其中每一环节又可因具体情况而细分为许多不同的影响因素。以客体方面的因素而言,既有受教育客体的思想觉悟因素,也有自身性格、认同混乱、心理阻抗、受相反因素干扰等一系列因素。以资源选用类型而言,若是选取一些空洞、说教、乏味的教科书语言,缺乏思想深度,选取案例不具备真实性、代表性,资源选用的类型过于单一等,都是影响效果达成的重要方面。再比如，以教育方式而言，教育过程中走形式、走过场，教育者本身讲授的内容乏味、空洞、远离生活、缺乏深度等，都不是有效的方式。此外，就讲授方式而言，缺乏多样的、灵活的、贴近客体生活的、贴近客体兴趣及其最关注的事情，这些都容易导致效果不尽如人意。此外，教育方式缺乏对客体的关注，高高在上，对客体的需要漠不关心，不注重与客体的互动，不注重客体的内在情感等，都是低效的或自欺欺人的方式。还有，在教育过程中，是否创设、创造、营造人性化的、多样的、人本的、激发兴趣与潜能的教育形式，也是影响效果达成的重要因素。当然，当今时代网络化的、多媒体的作用方式也有一定的助益之功。

这里需要强调的是，思想政治教育过程是一个完整的、相互关联、互相影响着的系统。系统的每个环节，对整体任务及效果的达成都有着格外重要的意义。同时，思想政治教育实践过程还是一个充满复杂性的过程，因此在工作中必须做全面的复杂性思考。必须考虑到环节中间的、易生问题的、正反的、关联着的、互相影响着的复杂性，只有充分进行这样的复杂性思考，才能对这一过程有充分的认识。具体而言，思想政治教育过程根据其场域类型之不同，可细分为体制化教育场域中的思想政治教育、政府机构中的思想政治教育、其他国有企事业单位中的思想政治教育，以及针对普通大众的思想政治教育。由于这些场域类型不同，其思想政治教育实践过程的特点也有很大不同，每一类型的迫切性、复杂性、困难性均有所不同。由于此处是对思想政治教育实践过程的理论探讨，对这些类型不再具体展开。

要言之，思想政治教育的效力发生，总是需要通过具体的实践过程

<<< 第五章 "化与认同"与思想政治教育实践机制的内在关联

来进行。在实践过程中,思想政治教育的各级各类主体、教育内容、教育客体、教育方式方法、教育资源、教育环境、教育载体等共同在复杂的实践过程中构成一个完整的统一体。思想政治教育的实践过程,也就是教育主体、教育客体、教育内容、教育方式方法、教育资源、教育环境、教育载体等动态整合在一起的系统。缺失了其中任何一个环节,思想政治教育的预期效果都很难顺利达成。

总之,思想政治教育的实践性特点,鲜明地体现在实践过程中。思想政治教育的实践过程,就是思想政治教育主体运用各种可行的媒介,采用多种方式与方法,来模塑"客体"的思想与行为,使得"客体"成为拥护"主体"所提倡的秩序、规范、价值的合格社会成员。思想政治教育效果的达成,不是简单地一次性完成的,也不是短期所能起效的。一般情况下,工作实践的效果达成要面临很多曲折,要经过很多反复,是一个需要不断长期模塑的过程。其中,会有很多干扰因素:有文化的影响,有小群体中"重要他人"及"众数他人"的影响;当然在此过程中还会有国外意识形态因素的影响;有个体的本我、欲望、阻抗心理、逆反心理等的影响;还有新媒体环境的影响;等等。在每一个具体的思想政治教育工作实践进行之初以及进行过程中,都需要充分考虑这些因素,需要充分考虑如何防止、化解、消除这些不利因素的影响。思想政治教育的实践过程,也正是不断地化解、消除这些不利因素影响而最终达到预期目标的艰难过程。过程性,成为思想政治教育实践的一个鲜明属性,这一点是不需多言的。但是,过程的复杂性、曲折性、反复性等都是思想政治教育工作实践中需要认真考虑的。而这又涉及对于思想政治教育实践机制的根本把握。

二、思想政治教育实践机制

如前所述，实践机制本身是在现实的工作实践过程中体现出的规律性的功能、特点、结构等理论表征与理论把握。实践机制总是对实践过程、特点及规律的抽象反映与把握。所谓思想政治教育的实践机制，则是与思想政治教育过程密不可分地联系在一起的。思想政治教育实践机制，从根本上是对思想政治教育工作实践的一种理论抽象。此种抽象，又是在对思想政治教育实践各个阶段及各个环节的功能、特点、性质把握了解的基础上所形成的一种整体性理论表征。按照自然科学的思维方式，一般需以图式来表示；而按照人文社会科学的方式，则可以用理论语言加以呈现。它是对思想政治教育实践过程中体现出结构化的功能的揭示与反映。机制之为机制，就是一种通过结构体现出的功能，对于思想政治教育整个实践过程中的结构、功能、特点、规律的把握，经过理论抽象，就表征为思想政治教育的实践机制。

关于思想政治教育的实践机制，很多学者都进行过专业的探讨，这里仅列举几种观点。黄世虎、陈荣明探讨了思想政治教育过程中的内化机制。在他们二者看来，思想政治教育过程中的内化机制包括："反映自我需要与社会需要的动力机制"；"以世界观为核心的目标机制"；"以内化主体认识框架机构的加工机制"和"以非理性心态为关注点的调节机制"。[①] 陈天翼探讨了思想政治教育过程中的激励机制。在其看来，思想政治教育是"教育通过各种有益的方法，激发受教育者产生

---

① 黄世虎，陈荣明. 试论思想政治教育过程中的内化机制 [J]. 理论月刊，2001 (3)：16–17.

积极的心理动机,发挥其积极性、能动性和创造性的一种实践过程"①。在其看来,要想取得预期的教育实践效果,需要准确地把握客体的需要结构,要把握激励的时机与分寸,选择正确的激励方法,构建科学的配套机制。刘巧丽、李敏则探讨了思想政治教育接受过程的机制。这种机制具体包括了接受过程的动力机制、目标机制和心理机制。具体而言,动力机制包括"驱动力(推动力—阻滞力)和导向力";目标机制主要是"定向与整合作用";心理机制中重点探讨了"自愿心理、漫不经心心理以及逆反心理"。在其看来,接受机制的优化就是要"激发主体的内在驱动力,强化外在导向力",坚持"心理相容与心理互换原则,消除接受心理误区"。②

在思想政治教育过程机制研究方面研究得较为深入、系统的当属石瑛。石瑛在博士论文中专门探讨的就是此方面的问题。在研究中,石瑛指出:"研究思想政治教育过程机制意味着对以往研究方式的一种综合,同时也是一种新的研究角度,不仅涉及思想政治教育过程的主体、客体、媒介、环境等参与要素,还考察各要素的相互联系、相互作用和整体功能;不仅关注思想政治教育过程的系统结构,还关注系统结构的动态化运作方式和运作过程。本书运用经济学、政治学、社会学、心理学、管理学等多学科的方法,以整体性研究为出发点,对思想政治教育过程机制的基本问题,包括基本概念、理论依据、结构要素以及内在机

---

① 陈天翼. 论思想政治教育过程中的激励机制[J]. 湖南师范大学教育科学学报, 2004(3): 36-38.
② 刘巧丽,李敏. 思想政治教育接受过程机制研究[J]. 长江师范学院学报, 2008(4): 112-116.

理、运行状态等进行了解构性的研究。"①石瑛将思想政治教育实践过程机制界定为:"在思想政治教育矛盾转化的过程中,各个组成要素由于某些机理的作用而产生的相互联系、相互作用的联结方式,以及通过它们之间的有机联系而完成其整体目标、实现其整体功能的运行方式。"②

具体而言,石瑛将思想政治教育过程机制概括为以下几个方面:第一,思想政治教育矛盾转化过程中的机制;第二,思想政治教育各个要素的联合方式;第三,在某些机理之下产生趋向目标的联结与运行;第四,趋向教育引导目标的有效因果联系。这种过程机制具有目的性、系统性、规律性、动态性、自组织性和时效性的特征;具有引导、调节、控制、维系的功能。

石瑛将思想政治教育过程机制的构成要素分为思想政治教育过程机制的主体、环境、媒介、动力、运行程序与保障。将思想政治教育过程机制各要素之间的互动关系分为思想政治教育主体间的关系,以及主体与环境之间的关系。至于互动关系的模式则主要有:双向互动的关系模式;分工、合作、制衡的关系模式;主从的关系模式。思想政治教育过程的内在机理可区分为:发生状态、动机状态、加工整合状态、内化状态和外化状态。而思想政治教育的运行常态有:合作态、波动态、适应态、变革态以及隐性态。思想政治教育过程机制的非常状态则可区分为外因型非常状态及内因型非常状态两种。具体而言,石瑛将思想政治教育过程机制体系区分为激励机制、整合机制、沟通机制、协调机制和控

---

① 石瑛. 思想政治教育过程机制研究 [D]. 长春:吉林大学,2008:内容提要.
② 石瑛. 思想政治教育过程机制研究 [D]. 长春:吉林大学,2008:26.

<<< 第五章 "化与认同"与思想政治教育实践机制的内在关联

制机制五种①。

  以上是几位研究者从不同角度对思想政治教育过程实践机制的研究。在笔者看来，对机制的解析不能泛泛而谈，也不能无所不包、事无巨细地一概罗列。在对思想政治教育这些重要环节、作用机理进行把握的基础上还需进一步地抽象，以便把握问题的根本与环中。只有掌握了根本与环中，才能真正理解思想政治教育的实践机制。而对于思想政治教育实践机制的把握，也需要围绕思想政治教育的根本矛盾展开。也即思想政治教育实践机制的根本点在于"化与认同"这对根本矛盾，它涉及思想政治教育主客体相互作用、相反相成的辩证统一。实践效果的最终达成是主体从单向度地灌输向历史、价值呈现揭示与至真启迪生发的过程；是从对客体的漠视、忽视到重视、理解、关心、同感的过程；是主体与客体的要求与服从、主体与客体的角色期待分离，到走向互动、共情、共生的过程；同时，也是主体增进对客体的知性条件、个性特征、内在需要、兴趣取向、逆反心理、精神理想等方面的把握、预估与贴近的过程。在此过程中，理想意义上的主体应调动各种有效资源，全面了解客体，不断反思工作路径与方法、优化影响路径与技巧，最终获得客体认同。在整个过程中，都贯彻着对"化与认同"这对根本矛盾的认识与考量，也应紧紧围绕这个矛盾或问题的解决而展开。虽然以往的研究者或工作者的思想中并未以"化与认同"或"思想政治教育根本矛盾"的字眼或概念来表达，但我们必须承认，每一位研究者或工作者，在其研究或工作实践中都会或隐或显地意识到这一问题，并努

---

① 石瑛. 思想政治教育过程机制研究 [D]. 长春：吉林大学，2008：28–130.

力着手解决这一问题。这乃是具有相关经验之士的一个最基本的常识,也即社会学中所说的总体性事实,是不需要额外论证的。

总之,思想政治教育的实践机制应围绕"化与认同"这对根本矛盾展开,对于实践机制的分析也应从这对根本矛盾入手加以展开。

三、实践过程、实践主客体、实践效果与实践机制之关系

思想政治教育的实践机制,是与思想政治教育的实践过程、实践主客体、实践效果密不可分地联系在一起的。思想政治教育乃是教育"主体"对"客体"的一种影响施加,是"主体"预期目的的一种主动性实现。

在当前的思想政治教育领域,对于主客体关系的研究主要有四种代表性的研究范式,它们分别是:单主体说、双主体说、多主体说和主体际性说。单主体说自不需要过多解释。所谓双主体说,即认为思想政治教育客体也是生活世界中的以及自身思想行动的主体。多主体说认为,"不仅教育者是主体,受教育者(客体)、教育环境(环体)甚至教育媒介者都可以作为主体出现"[①]。笔者虽然不主张思想政治教育的双主体、多主体、主体际性说,但是认为仍需强调客体本身也是主体的人——虽然他/她不是思想政治教育实践发起的主体。也就是说,要承认思想政治教育的客体也是自身的主体,需要尊重他们的需要、情感。虽然思想政治教育要从学科的"工具性本质""目的性本质"层面去把

---

① 平章起,郭威.当代思想政治教育主客体关系研究的困境及其超越:从实践的视角[J].理论学刊,2015(1):94-101.

<<< 第五章 "化与认同"与思想政治教育实践机制的内在关联

握这种主客体关系①;但是,从思想政治教育实践过程及实践效果层面来把握主客体关系的话,必然要将客体当作活生生的、现实的人看待。他们也有需要、情感、感受力及认同见解。这些都需要我们以"人本"的观点,将思想政治教育的客体也当作有需要、有情感、有判断力、选择力、认同力及行动力的主体。这也是探索思想政治教育实践机制必须考虑的一个基本前提。

思想政治教育的实践过程是思想政治教育的主体以自身的政治教化目的及理想世界观、人生观,采用多重手段,对实践客体所施加的教育实践过程。这种实践过程依据实践场域、客体、类型的不同,而在实践特点、方法路径上会有所差异。在此过程中,能否收到预期的实践效果是很重要的。如果能够收到预期的实践效果,也即能够促进实践客体的有效接受或改变,那么思想政治教育的实践方式、技巧、选用资源就是比较有效的。但是,在不同的时代背景下,思想政治教育的主要方法、路径、模式都会有所不同,其实践效力也会有很大差距。这就需要对思想政治教育实践机制进行探索。而此种探索又不能过于笼统,需要在对环中与根本把握的基础上,对不同时期、不同阶段的思想政治教育过程的时间机制进行细致、具体的区分与细微探索。可以说,思想政治教育实践的主客体、实践过程、实践方式手段、实践效果都是在对思想政治教育实践机制进行理论表征及理论抽象过程中的必要元素,是在理论抽象过程中必须考察的关键环节。

思想政治教育的实践机制,是与思想政治教育的最终目的联系在一

---

① 王桂菊. 思想政治教育主客体关系探本——基于对思想政治教育本质的解读 [J]. 学校党建与思想教育,2012 (7):7-10.

起的，是在预期目标与最终效果之间的结构化的理论反映。研究思想政治教育的实践机制，不可避免地要与思想政治教育的预期目标、最终所要达到的效果联系在一起，只有将两者有机联系在一起，才能对思想政治教育的实践机制得出更准确的理论认知。思想政治教育的实践机制必须考虑到主体与客体、目的与效果这些必要的元素，并需对主体与客体的博弈、对立与统一，对目的与效果之间的对立统一，以及其中所体现出的全部复杂性有充分的理论思考与理论反映。此外，还需要对工作中的规律加以总结与升华，形成可以作为把手的理论认知与实践参考。

第二节 "化与认同"与思想政治教育实践过程中主客体的对立统一

思想政治教育本身是一个复杂系统的实践工程。然而很多工作者在自身工作实践过程中往往忽视其中的复杂性，而将其简单化、单调化。具体而言，在思想政治教育的实践过程中，有很多具体而微小的因素充满于此。而在此过程中，又有一对最为关键的要素，也就是思想政治教育实践过程中的主体与客体，更准确地说是"主体之化"与"客体之认同"。

关于思想政治教育过程中的主客体，许多学者已进行过较细致的理论描述与文字表征。此部分，笔者在承认已有学者研究观点的基础上，就二者的价值、关系及辩证矛盾做一个基本的介绍。

<<< 第五章 "化与认同"与思想政治教育实践机制的内在关联

一、思想政治教育过程中的"化"

思想政治教育过程中的"化",为理论之抽象,但是此种抽象又是不可或缺的。虽然是一种抽象,但又是对具体所指的一种表征。具体而言,思想政治教育过程中的"化",既可理解为一种外在作用之施加,也可理解为一种自然自发之变化,还可理解为影响他人的方式与方法,亦可理解为作用之迁移推拉的过程。在这里,无论哪种"化",都是与思想政治教育的"主体"密不可分地联系在一起的。

思想政治教育学科中的"化"首先是思想政治教育主体施行的一种有政治目的指向的影响。"化"是思想政治教育主体施加的一种有目的、有方向指向的,意在促进思想政治教育"客体"改变的影响方式与影响活动。而此种"化"又是与政府、执政党的理念密不可分地联系在一起的,是对政府及执政党执政理念的一种意识形态性宣传及教育传递。思想政治教育过程中的"化"之主体,可以总名为执行者,可以总名为国家各级政府,也可分名为各级政府的具体部门,可分名为具体执行宣传教化的工作人员,还可分名为执行相关政府政策的教师等。

就"教化"的意义而言,中国传统社会中的"化"可以分为王道教化、儒者教化与宗教教化三种。在当代社会,"化"主要是中国共产党及我国政府为了政治治理、社会稳定、社会规范、人心凝聚等目标而施加的宣传教化工作。就最宽泛意义上的"化"之方式而言,"化"既可以是简单的生硬强加,也可以是委婉曲折的传递,还可以是动情动理的感化,更可以是富于智慧的点化。"化"是宽泛的,"化"是微妙的,同时"化"还是无所不在的。"化"在本质上可理解为"影响"。是对他人的一种影响力的施加,或是对他人影响力的一种作用达成。"化"既可以是一种有意识、有目的的影响,也可以是一种无意识的、自然而然的效果达成。"影响"的主体、媒介是多样的,方式也是多样的。"化"之效果的达成既要考虑主体因素、媒介因素、环境因素,还要考虑客体因素与方法因素,更要在主客二者的影响、接受、博弈的关系中来考量,最需要考虑的则是客体认同。

二、思想政治教育过程中的"认同"

关于思想政治教育领域"认同"概念的理论内涵,前文已有较为系统的论述。在此作为标题重新提起,是为了阐述其与思想政治教育客体的特定关联。如前所述,思想政治教育收到预期的效果,必在于最终能取得受教化客体的认同。至于受教化客体的"认同"与否,则取决于思想政治教育内容的真理性、丰富性、趣味性,取决于思想政治教育主体对于客体的认识度、了解度、关注度和重视度,取决于思想政治教育方法的巧妙性、有效性、对症性,还取决于思想政治教育客体对周围环境的影响。因此,思想政治教育过程中的"认同"是一个至为关键的因素,思想政治教育客体的"认同"是思想政治教育效力达成的重要标准。

思想政治教育的一个直接目标,就是意在获取客体之认同。但是教育的过程,乃是"化"的过程,客体"是否认同",以及通往认同过程中的曲折、矛盾则是教育过程中必须考虑的因素。成功的思想政治教育就是要顺利解决这些问题,从而实现其教育之主旨。具体而言,在思想政治教育过程中,客体的认同又可分为许多不同的层面。也就是说,在

第五章 "化与认同"与思想政治教育实践机制的内在关联

思想政治教育过程中,需要关注并解决客体的价值认同、国家认同、文化认同、政治认同、情感认同、民族认同、社会认同及自我认同等一系列问题。具体而言,思想政治教育过程中着力要解决并实现的应是政治认同、国家认同、价值认同与文化认同。而在教育过程中,客体价值认同的子维度又不能离开其他维度来谈,这就涉及情感认同、民族认同、社会认同与自我认同等。

(一)首属群体、参照群体与客体之认同

一般而言,思想政治教育之实施一般要在个体达到一定年龄之后。在此之前,是无所谓思想政治教育的。而从个体懵懂之时一直到开始接受正常的思想政治教育,在这一段时间内,个体更主要是在以家庭为主的首属群体内成长的。虽然这个阶段的个体并不接受正规的"思想政治教育",但并不表示这个阶段不重要,实际上对其日后的价值观、人生观均有重要的基质性作用。因此可以说,要想研究个体的认同,有必要关注其首属群体的影响与作用。所谓首属群体,也被称为初级群体,它包括个体从初生起,在其生活环境中原生性的、经常接触的家庭(成员)、重要亲属、邻里、日常交往的小伙伴等。这些人由于与个体关系较为密切,接触较多,相互之间较为熟悉,互动频率较高,因此,对个体基本价值观、人生观的原生定向很重要,而这已为社会学及心理学的相关研究所证实。首属群体或初级群体,对个体的价值定向有重要意义,它们起到对个体价值基模的作用。个体追求善恶、区分好坏、做人处事的基调与风格都是在这个过程中奠定基本方向的。

除了首属群体之外,同辈群体对个体亦有较大影响。同辈群体作为与个体年龄相当、接触频繁、关系亲近的小群体,他们往往在年龄相似的基础上,在大体相同的场域中接受教育,共同游戏、玩耍,共同享受闲暇,并受大致相同的时代特征之影响,他们彼此之间更愿意沟通、交往、互动。因此,这也使得同辈群体对个体的价值观、世界观有更直接的影响,对个体的认同达成亦有重要影响。

除了上述二者之外,对个体认同影响最大的当是参照群体。参照群体是以个体自身为坐标,主观寻求作为自身行动及理想参照的群体。参照群体可以是个体自身当前所在的群体,在这种情况下,他/她对该群体的价值有着积极的认同。然而,在另一种情况下,个体所选择定向的参照群体并不是个体的首属群体,也并不是其当下所在的群体,这种情况下往往会导致个体对所属群体的价值认同度不高,或者对其价值导向并不认同。当然,这种认同度不高或认同度低下,其本身对社会未必有明显的负功能。对于思想政治教育过程而言,有必要在教育或工作过程中,重点关注个体所定向的参照群体对于个体的"认同"状况的影响。在个体以当下所属群体为参照群体时,其所在参照群体的理念可能与主导价值相悖,导致个体对主导价值不认同或认同度不高。而当个体参照群体为外群体时,则要考虑到外群体的影响及内外群体的价值冲突,考虑这些在个体自身价值定向中所致的对于认同影响的问题。

(二) 思想政治教育过程中的"认同"问题

既然谈到思想政治教育过程中的"认同",就不可避免地要从现实社会及现实教育场域中民众或学生的"认同"现象谈起。"认同"为个体在生活场域及教育场域中自然生发的一种心理认知功能及情感联结的体现。在个体生活及教育历程中,此种问题或隐或显地体现为这样或那样的问题。这些问题,大致而言有认同困惑、认同危机、认同解离、认同矛盾等。而思想政治教育的过程，并不是要防止学生或个体出现认同困惑、认同危机、认同解离或认同矛盾，而更重要的是在客体即使出现这些问题之时，依然能够帮助其化解这些问题，经由此最终获得客体对教育主导价值及理念的认同。

在思想政治教育过程中最应注意的"认同问题"，应是当下客观存在的认同困境、认同危机、认同解离、认同障碍与认同矛盾。在当下人们的日常生活中，人们自然而然地拥有一定的价值理念，认同一定的价值，然而人们日常生活中的价值与主流规范所主导、提倡的价值会有差异甚至相悖、相矛盾之处。两种价值理念在特定场域、特定时空情境下所产生的巨大张力，往往会让个体陷入认同困境或认同矛盾之中。既会导致个体思想、情感上的痛苦，也阻碍社会主导价值的自然传播与植入。尤其是在现时代的环境之下，新媒体无所不在地构筑、贯穿、交织不断扩大的信息网络，更是构成了这些"认同问题"的根源。

首先，就认同障碍而言，它是个体原本持有的价值或认同的理念，或是当前新出现的影响因素对主导教育或主导价值观化入个体内心的一种阻碍，这就如在通往前进路上碰到的路障，影响了前进的速度与进程。

其次，就认同矛盾与认同困境而言，二者在很大程度上是相伴共生的。认同的困境之所以存在，在很大程度上是由于认同矛盾的存在。认同矛盾往往是两种或多种相反的且存在张力的价值同时左右着个体；而每一种价值观对于个体都有现实的利益影响或精神层面的占据。在这个过程中，个体往往面临选择的痛苦。这种矛盾有的时候可能是双趋式动机冲突，有时可能是双避式动机冲突，还可能是趋避式动机冲突，总之，这些都是个体认同中的矛盾所在。当然，就认同困境而言，一般还涉及两个层面的问题。其一是教化资源陈旧或教化方式刻板、老套、没有活力，教化的施加者怠于投入更多精力；其二是当代一些新异的因素对于个体教育环境的整体性影响。尤其是这些时代新异的特质因素，如消费社会、娱乐时代、电子媒介、网络载体等都格外地吸引并占据着个体的注意力，对于个体有着格外的魅力。在这种情况下，特别是二者一起产生时，往往就构成了当前教育存在的矛盾，也构成了个体认同的困境。

再次，就认同危机而言。个体的认同危机往往是对其认同矛盾、认同困惑极端程度的一种指涉。它乃是个体的认同矛盾、认同困惑达到一定严重程度而形成的。在认同危机的状况下，个体所在的群体中，多数人对意识形态宣传不信任、反对或是不认同。在这种情况下，这种认同危机是指向教育主体、教育组织或是当前思想政治教育的。当然，认同危机还有另一种情况，这种情况是相对于个体本身而言的。也即极端的矛盾、困惑、纠结集中在个体身上，导致个体在认同选择或抉择时极端的痛苦。这种痛苦一般持续时间较长，矛盾、挣扎、纠结的情绪往往萦系心头、久久挥之不去。而且，这种困惑、矛盾不仅仅是个体认知层面的反映，更重要的是它对于个体的情绪、情感都有较大影响。负面的、纠结的情绪常常给个体造成一种精神压力。如果这种状况在危机的合法延缓期内得不到解决的话，往往对个体的心理健康与身体健康造成严重的后果。

最后，就认同解离而言，认同解离原本是一个心理学的概念，但将其迁移到思想政治教育学科完全有其必要性。认同解离，是指个体原本认同的价值观念在外界影响及他人作用下所发生的使原有价值认同消散或解构的过程。其中一种情况是新的价值认同替代了原有的价值认同；另一种则是原有的价值在外力作用下被解构，新的价值认同尚未建立起来，个体处于认同困惑或认同混乱的状态之下。一般情况下，个体的认同解离不是短时期内发生的，它一般要经历数月甚至数年的时间。在这种历时性的外力影响及自身濡染中，原有的价值逐渐解离，发生变化。对于思想政治教育而言，最应着力应对的即是对社会主流价值的认同困惑而发生的解离现象。这是思想政治教育工作者或教育者最不愿看到的状况，同时也是理应重点解决的一种问题。

三、"主体之化"与"客体之认同"

理想状态下的思想政治教育是"主体之化"与"客体认同"相统一的过程。它是思想政治教育的政府或政党主体进行意识形态宣传与灌输的过程，也即"化"的过程。与此同时，它还是影响并获取客体认同的过程。只有在二者的张力统一中，才是完整的思想政治教育。就二者的辩证关系而言，没有主体之"化"也就无所谓客体之"认同"；取得不了客体之"认同"，则说明思想政治教育的主体之"化"是无效或无力的。而只有实现主体之"化"与客体之"认同"的共生与统一，才能实现思想政治教育实践的理想应然状态，才能说明思想政治教育实现了它的预期目标。在思想政治教育的实践过程中，"化"与"认同"的辩证统一、对立共生体现在以下情形之中。

第一，思想政治教育"主体之化"取得了预期的效果，成功地获得了客体稳固且持久的"认同"。这是思想政治教育较为理想的目标达成状况。例如，中国共产党成立以来领导农民翻身解放，进行土地革命，分到土地的农民对中国共产党表现出极大的爱戴与拥护，对中国共产党提出的执政理念表现出极大的热情，表现出极高的认同度。

第二，思想政治教育的"主体之化"取得客体短暂的认同，但是经过一段时间之后，客体慢慢地由"认同"变成"不认同"。在这其中，既可能是由于主体之"化"的内容缺乏足够的可信性，也可能是思想政治教育客体受到外在他人或环境影响所导致的改变，还可能是受化客体随着生活经历、自身感悟的增长等，对原有价值观念发生的变化。正是这些变化，导致思想政治教育客体对"主体之化"由最初的"认同"变成"不认同"。这种状况尤其需要引起相关工作者的重视与关注。

第三，思想政治教育的主体之"化"获得"客体"表面的认同或表面的服从，然而客体内心对思想政治教育的"主体之化"并不认同，或者根本不以为然。客体在受教育场域或过程之中仅仅表现为一种虚假的认同，也即仅仅保持一种作为策略的表面性服从。而在其内心之中，对于"主体之化"并不真的深以为然，或者持一种无所谓的心态。这种状况，在教育过程中也并不鲜见。

第四，思想政治教育的"主体之化"获得了客体的坚定认同，但随着时间的变化，客体慢慢地表现出了认同度低，对主体之"化"表现出困惑或信心降低。当然，并不是反对或抗拒主体宣传的价值、主流价值的倾向，而仅仅是一种热情程度减低的现象。这种现象也是需要思想政治教育工作者加以注意的，是理论工作者及实践工作者在实践层面应重点加强的。

第三节　客体认同作为思想政治教育实践效力的评判标准

客体认同乃是思想政治教育实践效力的评判标准。为了更好地实现思想政治教育的预期目标，有必要对个体的思想现状及其思想前在状态进行预估，把握个体思想形成的重要特点及规律，并且有必要对思想政治教育客体的认同深度、广度、持久度等进行效果检视和现实关注。

一、个体思想现状及其前在预估的重要性

客体认同，在思想政治教育的效力达成中至关重要。为了有效地促进客体的认同，有必要充分认识思想政治教育客体的思想状态，并有必要充分认识思想政治教育客体思想的前在状态。

现实生活中，每一个体都是活生生的存在，都是一种能思维、能感受、能判别、能反思的存在。正是这些特点决定了思想政治教育的客体不同于自然科学中单纯的"物"，使得我们在研究中，对于"人"之为"人"的思想状态及其复杂性有必要给予更多的权重。思想政治教育之客体，像心理学、社会学之类的客体一样，都是有意识、有情感的活生生的存在。它并非主体仅通过简单的外在观察或实验就可以轻松把握的静止之物，而是有其自身独特的思想状态、意识特征及情绪感受。其中，个体的思想状况以及个体的思想前在状态，都对主体能否顺利达成预期的教化效果，对其自身能否顺利地认同思想政治教育内容有重要的影响。这二者都是思想政治教育工作过程中需要重点考虑的。可以说，思想政治教育不应是教化主体单向度的生硬灌输，也不应是不顾客体感受的刻板强加，更不能是不考虑客体思想状况的一味独白。思想政治教育效果的有效达成需充分考虑客体的思想状况，需要了解个体的人格特点。

在现实的生活世界中，每一个体都会形成稳定的人格，都会形成相对稳定、成熟的思想状态。这种思想状态，很大程度上是在其遗传特质的基础上经由后天的社会化过程而形成的。每一个体的思想状态一经形成，就会对外来的思想、观念等形成同化或抵触的作用。虽然每个人的思想状态都不是固定不变的，都是在逐渐、自然地发生变化，但是我们不得不承认，个体在达到同一性状态或接近成熟状态后，其思想的内核就基本是稳定的，会自然地有所选择，会接纳与排斥一些观念。因此，了解个体的思想状况对现实的工作就显得很重要。由于每一个体都有其独特的价值观念，都有其独特的个性特点，外来思想观念的教化与客体的思想相同、相近、相合，就容易达到思想政治教育的预期效果；如果与客体的思想相反、相悖、相离，或者教化方式不当，就容易招致客体的反感，很难达到预期的思想政治教育效果。

因此，只有了解个体的思想状态及其前在状态，了解客体的思想特点，才能更好地进行化导与化除的工作。若不了解个体的观念，不了解个体的思想状态，不了解个体思想的前在状态，是无法达到预期的思想政治教育认同效果的。

二、"认同"与个体思想形成的内在关联

个体之思想乃是不断涌现的意识流。此意识流，充满了极其多样的

可以意识到的和意识不到的思想观念。这些意识先后相继，不断涌现，在个体的意识中交替出现与发生。虽其如此，多数成年个体的思想都是相对稳定的。也就是说，虽然个体的意识不断流淌，但是其基本的方向或基本的走向则是相对稳定的。虽然一些特殊个体思想也会发生较大的方向性变化，构成流动之"曲"与"折"，但就多数人而言，大体定型的稳定性思想则构成了一种常态。

总体而言，个体的思想是相对稳定的。此种稳定的思想之形成，是其先天潜在特质、后天社会化经历与影响以及个人定向与选择等多种因素综合作用的结果。具体而言，个体思想之形成，乃是其个体生命所经历与其相遇的无数思想观念综合作用的结果。个体对其接触的每一个具体的思想观念可能是意识到的，也可能是没有意识到的。但总的来说，个体对多数的思想观念都是未对象化的、未加反思的。个体思想之形成，又不是简单地、单向度地接受外在观念影响的结果。这里面有个体对外在的观念是否认同以及如何认同的问题。如果个体对外在的观念能够产生认同，那么这些外来的观念很大程度上就成为个体思想的构成元素；如果个体对外在的观念并不认同，那么外来的观念并不能成为个体的思想构件，因此，可以说，"认同"与个体思想的形成具有内在关联。而至于个体的思想是如何形成的，这又涉及两种不同的"认同"机制问题，也就是如何认同的问题。这两种机制即个体思想形成中的外显认同与内隐认同。以下即对这两种不同的"认同"方式加以阐释。

首先，外显认同。"外显认同"可以理解为个体明确意识到的观念判断与接受，它是个体对于一种价值的明确认定与选择。它是个体对社会主导的教化目标、教化资源、教化方式明显的认知趋向。此种认同是个体明显意识到的，是一种自觉的价值选择。只是此种认同尚未形成习惯，可因外界的影响而发生改变。"外显认同"的特点主要有以下几个方面。第一，意识觉知性，也即对自己所认同的思想观念有清楚明确的认知。也即知道自己认同什么，不认同什么。第二，明显的"为我性"，这点体现为个体认同的价值理念往往与自身的兴趣、爱好、理想等密切相关，认同的观念多是围绕自身的兴趣、理想、个人喜好等展开的。第三，与"自我认同"紧密相连。个体在"外显认同"过程中伴随着对于"自我"的认同，对于"我"之为"我"的核心理念有明确认定，而"自我认同"又往往会影响个体对外在价值观念的接纳与认同。第四，外显认同伴随着认同困惑与认同矛盾。个体认同达成的过程中，往往存在价值衡量、价值对比、价值比较。在这个过程中往往有两种相反或相离的价值观念并存，不可避免地存在着"矛盾"。个体认同的不同价值观念之同时存在，相互对立、背离的观念同时存在不可避免地造成自我的心理困惑与内心矛盾。

其次，内隐认同。"认同"既可以是个体明确意识到的，也可以是未曾意识到但却真实地受其影响。而且我们不得不承认的是，认同更多时候是在个体未曾知觉到的情况下发生的。个体对于外部影响之接纳，多是在个体未曾知觉到的情况下进行的，具有影响发生的内隐性，也即"内隐认同"。内隐认同的"潜移默化"性在于：它以个体未曾觉知到的方式化掉个体原有的一些思想观念，它以潜隐不显的方式将一些外在的观念移植到个体心中。此种影响的接纳，属于西方心理学中所讲的内隐认知或内隐学习，是对于一种价值的非显意识的认定。

在笔者看来，内隐认同的主要特点有以下五个方面。第一，影响进行的不自觉性。也即内隐认同多是在个体没有明确意识到的情况下发生的，无论是环境的浸染与熏陶，还是重要他人的影响，抑或是新媒体的无形影响，多是个体未曾知觉的。第二，内隐认同发生的广泛性。由于内隐认同是自然而然发生的，它并不需要个体花费太多的时间与精力，不易受时间、地点等的限制，具有发生的随时性，而这也决定了内隐认同发生的广泛性。第三，他种价值选择的影响附加性。所谓"他种价值选择的影响附加性"，就是指个体在主动追求一种价值或者自愿从事一项活动的过程中，受到此项活动附加观念或价值的内隐影响。比如，个体观看电视节目或玩网络游戏等时受到的广告因素、情节因素的附加影响。这些都是他种价值选择的影响附加性。当代社会，无论是在消费领域，还是在娱乐领域，抑或是电视、电脑等媒介终端，都有大量此类现象的存在。商业、广告、别有用心者都在以这种方式间接影响或控制个体的喜好，继而影响他们的商品选择或价值选择，而这正是思想政治教育需要格外注意的。第四，对于个体信念及行为的决定性。个体的内隐认同是在生活世界之中发挥效力的，内隐认同的潜在持续性以及其与情感的关联性都是它对个体信念、行为决定性的重要原因。越是在无意识之中发生的偏好或喜好，越是对个体的信念与行为有着深层的影响。这好比弗洛伊德的"冰山"隐喻，越是海面之下的部分，越对冰山有着更大的决定作用。第五，认同价值改变的困难性。内隐认同的发生与个体的兴趣、性格偏好、情感取向等有重要关联。内隐认同之作用效力的持久性与潜意识情感的关联性，是内隐认同价值改变困难性的原因所在。从上述分析中我们已然发现个体的内隐认同多不是经由正式的教化场域而形成的，也不是一蹴而就、短期就能形成的，而是在现实的生活场域之中逐渐地生发、选择、吸纳、顺应而后形成，这种形成又是不知不觉、自然而然的。由于它与个体的兴趣、爱好相近，并与个体的情感紧密相连，因此某种内隐认同一旦形成，短时期之内很难改变。它具有影响发挥的持久性，很难通过短期的灌输、影响及宣传而再加改变。

三、认同深度、认同广度及认同持久度的检视

客体认同是思想政治教育实践效力的评判标准。思想政治教育客体的认同，又具体可以从以下几个方面进行检视。它们分别是思想政治教育客体的认同深度、认同广度以及认同持久度。

首先，思想政治教育客体的认同深度。认同深度主要是指思想政治教育客体（既可以是个体，也可以是群体）对于思想政治教育的内容、主旨、价值观等方面的认同程度。认同的程度深，则表示该个体或群体高度认同了思想政治教育主体所主导或传播的价值观、思想观念；认同的程度浅，表示个体或群体对思想政治教育主体引领及化导的内容、价值观等只有较低的认同度。认同的程度深浅是当前教育的效果评判指标，更重要的是，认同程度的深浅还会进一步影响到他们今后的价值转换或价值观的改变。认同程度浅或者不够深的个体，日后再遭遇其他群体观念影响或不良群体拉拢，抑或是不良价值载体的作用，就很容易放弃当前认同观念，其最终后果是可想而知的。

其次，思想政治教育客体的认同广度。思想政治教育取得成效的一个重要标志，就是思想政治教育客体的认同广度。思想政治教育主体施行的教化及教育，只有获得多数人的认同时才能充分说明其价值效力及实践效力。如果思想政治教育主体的化导实践最终只有少数或极少数个

体的认同，那么说明思想政治教育的成效是极低的。只有当思想政治教育客体中的大多数人都认同思想政治教育的意识形态体系及其主导的教化内容时，才表明思想政治教育主体的教化及化导实践是有效的、有力的，是有价值并有推广意义的。

最后，思想政治教育客体的认同持久度。在思想政治教育的过程中，仅仅获得思想政治教育客体的认同深度和认同广度是不够的，因为这些都只是思想政治教育的短期效果，而非长效机制。当思想政治教育主体的教化实践仅仅获得客体的认同深度与认同广度时，还不能说明思想政治教育实践是效力十足的。而只有当客体获得对于思想政治教育的持久认同时，才说明思想政治教育实践达到了预期目的。而欲达到长效机制，还需要促进并获得思想政治教育客体的认同持久度。只有当客体持久地认同于思想政治教育主体倡导价值的时候，才能说明思想政治教育的实践效果。只有在客体长期认同的状态下，思想政治教育才是最有实践效力的。如果思想政治教育难以获得客体的认同持久度，客体必然会转向对其他价值的认同，主导阵地之外的其他角色自然会乘机而动，进行新的意识形态影响，获取更多民众对于主流价值之外的甚至对立取向的价值认同。因此，如何从理论深度、实践方法、实践程序、主客关系、主体自身建设等层面促进认同的持久度，理当成为理论工作者及实践工作者的未来之选。

第六章

当前思想政治教育环境的新变化及其所致的教育实践困境

当下，社会的快速变迁乃是时代最重要的一个特征，而且现时代的社会变迁速度已远超过以往任何时代，并获得了指数级发展的动力特性。正是此变迁的指数级速度特征，使得当代许多社会学科的研究难以长久地具备现象解释效力。在现时代，知识落后于时代的现象在加剧，知识翻新的速度亦在加剧，许多人文社会学科正面临着指数级变化带来的全新挑战。

因之，积极应对快速变化的社会环境，应对变化了的环境中人的思想观念的新变化，理当成为人文社会学科必需因应的使命。当然，思想政治教育这一后起且与实践紧密相连的学科，也正面临指数级变化所带来的全新挑战。在此背景下，只有与时俱进，积极反映时代与社会的崭新特征，才能更好地促进思想政治教育学科的角色转换与成功跃迁，更好地胜任新时代的历史任务与学科角色。正是当下思想政治教育环境所面临的快速、新异、混成、复杂的新变化，使得未来的教育实践不得不做创新的功夫准备。

第一节 当代社会加速变迁的根本原因探讨

思想政治教育环境的新变化是与当下整个社会的快速变迁密不可分地连在一起的，而当代社会变迁又有着深层的技术及资本驱力。当代，高技术的不断翻新及资本的不停运演从根本上驱动着人类的政治、经济、文化环境的新变化。尤有甚者，此种变化已远超出以往任何时代。作为社会历史变革的巨大力量，它所引起的政治、社会、文化变迁是不可估量的，其对人的心理影响亦是深远的。在当下，我们已无法忽视社会存在、社会变迁而去单纯影响、改变或研究人的观念。

一、技术发展的指数化及其引生的社会变迁

技术乃是文明的直接推动力量。人类社会的任何变迁，在最直接的意义上都是由技术推动的。技术从根本上主导了人类文明，同时也促成了文明变迁，整个人类社会都与技术进步有着本源性关联。当代社会的飞速变迁在根本上是由技术不断翻新及其普及所致的。

（一）技术与高技术

"技术"是与"科学"经常连在一起使用的一个范畴。以往研究者常将技术单纯理解为人类改造世界的工具，但在今天，如果仅仅这样理解似乎有失偏颇。至少，"技术发明不能被简单地归结为科学发现的发展和应用。即使是一种'应用'，它也是一种独立的、创造性的应用，它具有和科学完全不同的逻辑"①。具体而言，技术产生的时间更早，科学产生的时间则要晚得多，有正式文字记载的科学亦不过几千年。历史上，科学与技术有着不同的传统：技术来源于工匠传统，而科学则源于哲学传统，在很长时间内，科学与技术几乎是完全平行、互不干扰的。随着历史的演进，技术在不同时期呈现出不同的特点。从历史向度看，技术史同时就是人类史，而人则是一种技术的存在。在人类历史上，每一次重大的跃迁都有着深刻的技术背景。无论是旧石器时代、新石器时代，还是青铜时代、铁器时代，抑或是农业时代，或者是第一次工业革命、第二次工业革命、第三次工业革命，都是以技术发明与技术应用为内在的支撑。诚如马克思所言，"手工磨产生了封建君主的社会，蒸汽磨则产生了工业资本主义社会"②。人类社会发展有其技术根源，此不可不深思。

当代技术就其形态而言主要是高技术，高技术以大科学研究、高资金投入为前提，并以众多科学家、技术专家、技术工人共同合作为特征，其支撑主体多为大公司、大型科研机构或国家部门。在当代，科学与技术已紧密结合在一起，科学技术化、技术科学化愈发突出，高技术正变革着人类社会及人所生存于其间的星球，它所产生的政治、军事、社会乃至心理影响是人们无法忽视的。

(二) 技术指数化发展的冲击

当代技术正在表现出指数级的发展速度。历时性地看，在人类几百

---

① [法] 贝尔纳·斯蒂格勒. 技术与时间 [M]. 裴程, 译. 南京: 译林出版社, 2000: 40.
② 马克思, 恩格斯. 马克思恩格斯选集（第2卷）[M]. 北京: 人民出版社, 1980: 179.

<<< 第六章 当前思想政治教育环境的新变化及其所致的教育实践困境

万年的进化过程中,技术的发展速度一直很慢,传播速度与广度亦很有限。工业革命以来,技术的发展渐呈加速态势,加速力不断增强,可以说,当代"技术的进化速度已达到了以往一切技术体系不可比拟的地步"①。与之相应,当今高技术的发展已处于很高的态势点,通过身边众多的技术产品更可看出技术的迭代速度,我们需彻认"科学研究和科技发展的速度,将远远超过我们大多数人的预期"②。当代,技术的指数级发展乃是一个实然事实。我们更应关注技术在现时代全新的、无所不及的指数级发展的冲击与变革力。此是因为,在当今这样一个技术垄断时代,技术已经获得发展的自主性,"技术"已获得自我发展的能力与可能。马丁·海德格尔(Martin Heidegger)将之称为一种座架,一种必然性的天命。正如其所忧思的:

> 如果有一天技术和经济开发征服了地球上最后一个角落;如果任何一个地方发生的任何一个事件在任何时间内都会迅即为世人所知;如果人们能够同时"体验"法国国王的被刺和东京交响音乐会的情景;如果作为历史的时间已经从所有民族的所有此在那里消失并且仅仅作为迅即性、瞬刻性和同时性而在;如果拳击手被奉为民族英雄;如果成年上万人的群众集会成为一种盛典,那么,就像阎王高踞于小鬼之上一样,这个问题仍会凸出来,即:为了什么?

---

① [法]贝尔纳·斯蒂格勒. 技术与时间[M]. 裴程,译. 南京:译林出版社, 2000: 46.
② [以色列]尤瓦尔·赫拉利. 林俊宏,译. 未来简史[M]. 北京:中信出版社, 2017: 44.

走向哪里？还干什么？①

海德格尔的话确值得我们深思技术对于人类及人类社会的变革力，深思技术对人类未来可能产生的种种影响，关注技术的指数级发展所引起的社会变化、变迁及其程度。我们需承认，今日的人类已身处一个技术社会，技术已渗透到人类社会的各个角落，并将继续产生深刻的、无所不在的影响。由技术所致的变动正在构成对当代人的全新冲击，3D打印、飞行汽车、基因工程、生物科技、航天技术、网络媒介、5G时代、万物互联、人工智能都将对人类的生产、生活产生变革性的冲击与挑战。在此背景下，个体观念可能产生的变化及其机理将远非简单的封闭社会中的视域所能想象。那么顺此思路考虑下去，社会存在的整体变化将对人的观念产业怎样的影响呢？

二、技术革新所引发的影响与冲击

20世纪是技术世纪，现时代的"显著特点是技术凌驾于科学之上，使科学固有的技术理性过度膨胀而导致科学的技术化、功利化"②。新技术不仅改变了我们兴趣的构成点，改变了我们文字符号的意义，而且还改变了社区的性质。技术乃是现时代最重要也是最直接的变革因素，其影响是广泛而深远的。德国社会学家乌尔里希·贝克（Ulrich Beck）曾深刻地指出，由于当代技术的发展，人类已经进入到一个由人为因素

---

① [德]海德格尔. 形而上学导论 [M]. 熊伟，王庆节，译. 北京：商务印书馆，1996：38.
② 文军. 西方社会学理论——经典传统与当代转向 [M]. 上海人民出版社，2006：187.

制造的风险社会。"高度发展的核能和化学生产力的危险,摧毁了我们据以思考和行动的基础和范畴……不明的和无法预料的后果成为历史和社会的主宰力量。"①风险社会一个最重要的特质是其人为性。而且风险在当今世界扩散的速度远超出以往的任何时代,无论是各种化学制品、蔬菜粮食,还是生活用品、居住环境都出现各种意想不到的风险,更遑论核能武器、世界战争这样的风险。当然,技术尤其是媒介技术的发展更使得人越来越远离自身的本真生命,越来越物化、工具化与非"人"化,离"人"的类本质越来越远,导致人的异化。异化一词最初来自拉丁文 alienation,具有让渡、疏远、分离、精神错乱之义。马克思区分过四种"异化",即"生产过程的异化;人们活动结果的劳动产品的异化;来自他人的异化;自我的异化"②。马克思描述道:"工人在劳动中所耗费的力量越多,他亲手创造出来反对自身的异己的对象世界的力量就越强大。"③在当代,异化的一个重要表现是技术异化。所谓技术异化,"是指人类在利用技术改造和控制自然的过程中,技术反倒成了一种控制和奴役人的力量"④。在马克思看来,"在我们这个时代,每种事物好像都包含有自己的反面,我们看到,机器具有减少人类劳动和使劳动更为有效的神奇力量;然而却引起了不可思议的魔力而变成贫困的根源。技术的胜利,似乎是以道德的败坏为代价的。随着人类愈益控制自

---

① [德] 乌尔里希·贝克. 风险社会 [M]. 何博闻,译. 北京:译林出版社,2004:20.
② [美] D. P. 约翰逊. 社会学理论 [M]. 南开大学社会学系,译. 北京:国际文化公司出版社,1988:574.
③ 马克思,恩格斯. 马克思恩格斯选集:第3卷 [M]. 北京:人民出版社,1972:517.
④ 许良. 技术哲学 [M]. 上海:复旦大学出版社,2004:270.

然，个人似乎愈益成为自然的奴隶或自身的卑劣行为的奴隶"①。社会批判理论的代表人物赫伯特·马尔库塞（Herbert Marcuse）更一针见血地指出，技术的过度发展使现代人成为"单向度的人"，成为"丧失否定、批判和超越的能力的人。这样的人不仅不再有能力去追求，甚至也不再有能力去想象与现实生活不同的另一种生活"。② 他认为技术已成为个体受控制的有效工具，而且这种工具已无所不在。

按照媒介学家、技术哲学家尼尔·波兹曼（Neil Postman）的观点，当代技术的发展远超越人类已有的技术样态，达到了技术垄断阶段。"技术垄断是一种文明形态，同时也是一种思维状态。技术垄断在于对技术的崇拜与神化，即文明在技术之中寻找权威，寻求满足感，建立起自身的秩序。这就要求创建新型的社会秩序，并且必然导致与传统信仰相关的事物急速瓦解。"③而且更重要的是，技术垄断"强调毫无限制的进步、没有责任的权利以及无须成本的技术。技术垄断的故事没有一个道德中心，而是以效率、利益和经济进步取而代之。技术垄断通过技术进步所带来的便利，承诺将天堂带入人间。技术垄断废除所有能够带来稳定和秩序的传统故事和符号，而重新讲述另一个关于技能、技术知识和消费美梦的故事。其目的在于赋予人们特殊的使命，以保证技术垄断

---

① 马克思，恩格斯. 马克思恩格斯全集（第12卷）[M]. 北京：人民出版社，1980：4.
② [美]赫伯特·马尔库塞. 单向度的人——发达工业社会意识形态研究 [M]. 刘继，译. 上海：上海译文出版社，2006：译者的话2页.
③ [美]尼尔·波兹曼. 技术垄断——文明向技术投降 [M]. 蔡金栋，梁薇，译. 北京：机械工业出版社，2013：66.

永远存活下去"①。但问题是,人的存在与价值,社会的和谐与进步是否能仅仅指望技术进步?在技术构筑的密网中,人的思想、观念、理性是否能超出技术与技术理性所构筑的美好与迷惘?而在观念传递、观念生成过程中,技术到底扮演了怎样的角色?技术还仅仅是人类的工具吗?我们需承认,在对人的观念生成、观念化转、观念导引中,再也无法忽视技术与媒介的影响。在一个技术的隐性控制权、影响力、主宰力逐步扩大的时代,再也无法简单地仅仅关注人的因素、社会因素,而不得不增进对技术媒介之影响的思考。

三、资本与商业在世界范围内的扩张

"资本",不同于"资本主义",但二者却有内在的关联。"资本主义"是一种社会制度,是封建社会之后产生的一种新的社会形态,它的出现是与工业社会密切相关的。"资本"则是工业社会以来,商业化社会中货币交换衍生出的一种新的宰制力量。资本服务于商业,且具有逐利的本性。马克思高度重视"资本"问题,《资本论》是其对资本问题研究的集大成之作。马克思认识到,"资本一出现,就标志着社会生产过程的一个新时代"②,其苦心孤诣要揭示的就是资本的逻辑。在马克思所处的时代,因技术与货币形态的限制,资本的主宰性尚不明显。近年来,托马斯·皮凯蒂(Thomas Piketty)的《21世纪的资本论》则更生动地揭示了金融资本在当代世界的主宰力。20世纪80年代,美国

---

① [美]尼尔·波兹曼. 技术垄断——文明向技术投降 [M]. 蔡金栋,梁薇,译. 北京:机械工业出版社,2013:168.
② 宁殿霞. 资本与生存世界金融化——《21世纪资本论》的经济哲学解读 [J]. 西南大学学报(社会科学版),2015(5):25-31.

金融衍生品的创立有力助推了金融资本的发展。"美国的资本市场成为金融自由化、金融全球化的领跑者。到了21世纪,整个世界越来越被金融化了。"① 当然,随着货币本身形态的变化,货币由金银变成纸币,又由纸币变成数字流,金融资本的流动速度、范围更加无所不在。"在移动互联网如此发达的今天,金融资本已经大大突破了民族国家的壁垒,实现了全球化和自由化……在金融全球化浪潮的冲击下,整个生存世界变成了一个巨大的风险投资的载体,表现在人们对财富的观念、对财富的追逐、财富的迅速增长和迅速缩水的特点上。"②

当代中国也是商业化社会,是全球化背景下的商业化社会。商业化社会注重流通、注重贸易、注重交换、注重创新、注重消费、注重新异的因素。商业化社会最大的特点是资本的流行,尤其是在经济全球化时代,资本与商业跨出了原有的地域,在世界范围内变成一个更大的经济体。在资本的宰制下,商业及其背后的资本在跨国公司的作用下,对世界各地的政治、经济、生态、文化都产生举足轻重的影响,对各地的文化及人们的生活方式、思想观念都影响甚巨。在商业化时代,传统农业社会中的很多习俗与"传统"都慢慢地显得不合时宜。电子化的货币成为资本的崭新形态,商业也日新月异地不断展现它新的形态,支付宝、微信等App也正在改变着人们对于金钱与消费的观念,改变着人

---

① 宁殿霞. 资本与生存世界金融化——《21世纪资本论》的经济哲学解读[J]. 西南大学学报(社会科学版),2015(5):25-31.

② 宁殿霞. 资本与生存世界金融化——《21世纪资本论》的经济哲学解读[J]. 西南大学学报(社会科学版),2015(5):25-31.

们的行为。在 2018 年,"每天有 3 亿人在使用微信支付"①,想来今日的用户定会更多。电子支付不仅是一种支付手段的改变,同时更可以进行数据标示、记录人的行为。在商业化社会,资本、商业成为社会中的时尚,广告、娱乐、消费等左右着人们的日常生活,影响着人们的思想观念,整个社会经历着日新月异的变化,此变化值得我们深思。

第二节 当前思想政治教育环境的新变化

变化或变动的加剧,乃是现时代一个最重要的特点。进入 21 世纪,中国社会各个层面都经历重要的变化。在快速变迁的发展态势下,人们生存于其间的社会环境、生活环境都发生广泛而深刻的变化,人们的思想观念、价值观念、生活方式都遭受剧烈的冲击,所有这些都构成当前思想政治教育环境新变化的整体性背景。在此背景下,思想政治教育学科不得不积极应对新变化所致的变革,不得不应对变化所带来的全新挑战。

一、全媒体时代信息的复杂交织

"全媒体"是信息媒介技术发展到现时代人们对于各种传播媒介的总体性称谓。之所以称其为"全媒体"或"新媒体",是对其影响速度、影响范围、影响方式等的新颖性、立体型、高效性的总体指称。

---

① 黄烁,王泽群,刘降斌. 微信支付风险管控研究 [J]. 商业会计,2018 (14): 79–80.

"新媒体是集文字、声音、动画、视频、图形、图像的'多媒体',也是融合广播、电视、报刊、户外传统媒体的'全媒体'。新媒体不局限于某一种特定的媒体形式,从外延上来看,包括数字报纸、数字广播、数字电视、数字电影、移动电视、互联网络、手机网络等。目前广泛使用的博客、播客、微博、微信以及电子邮件、搜索引擎、门户网站、社交网络、手机电视、手机广播、手机报纸、手机短信等都是基于网络媒体和手机媒体的具体应用形式。新媒体的特征主要是交互性与即时性、海量性与共享性、多媒体与超文本性、个性化与社群化。它的出现使意愿表达扁平化、时空传导无限化、身份认可虚拟化、沟通路径多节点化、互动关系平等化、社会价值多元化。"①"全媒体"既包括了以往时代的有线电话、电报、广播、电视,也包括了当代的无线电话、互联网、智能手机等。可以说,它的影响是无所不在、时刻都在发生的,而且是立体多面的。

大卫·帕金瀚(David Buckingham)在《童年之死》之中转引玛丽·威妮(Mary Winnie)在《电视:插电的毒品》中的一段话,描述了电视对个体童年的影响。引文这样写道:"无论看的是什么,电视剥夺了儿童游戏时间,以及其他健康互动的形式。越来越多的父母把电视简单地看作是一个'保姆'。"②而在当今时代,电脑、智能手机、互联网已远远超越了电视,攫取并占据着人们的闲暇精力,它们已经与个体的社会化历程密不可分。如今无论是儿童、少年、青年、中年人甚至老

---

① 刘奇. 新媒体环境对当代大学生价值观的影响及引导策略 [J]. 教育探索, 2013 (12): 136-137.
② [英] 大卫·帕金瀚. 童年之死——在电子媒体时代成长的儿童 [M]. 张建中, 译. 北京: 华夏出版社, 2005: 21-22.

年人,无论男人、女人,都鲜能离开智能手机而生活。在未来的5G时代、万物互联时代,个体更是只能生活在这种媒介之网中。新媒体或全媒体使得人们更多地关注远方的事情,更多地接受二手信息或间接信息的影响。"由于间接知识或二手信息日益占据统治地位,直接可见的或亲身经历的事件(农业社会和工匠技术阶段的特征)越来越少,电视所提供的信息只是经过剪辑的关于复杂的政治、经济等社会现象的部分情况,有时甚至是篡改了的、错误的信息。因此,在电视技术及其他传媒技术之后实际上隐藏着一种不可抗拒的控制力量和权力关系。"①更重要的是,经由新媒体的途径,"大众媒介所发挥的重大作用还在于它用各种各样的逃避现实的娱乐活动来充塞人们的闲暇时间,从而把人们的注意力从社会政治问题上转移开"②。在全媒体时代,人们身处这样一个信息与媒介的海洋之中,既无法鉴别信息的真假,也无法抗拒信息的掩蔽。因为在全媒体的环罩之下,人们已很难本真、自主地选择。而且,"网络社会中的人们,将不得不学习如何在心理上整合媒介化和面对面传播所提供的各种印象和关系。否则,他们将会转变成为悲剧性的人格,被他们的破碎的经验和技术环境所折磨"③。

当下,新媒体的影响研究成为热点。有研究者指出,新媒体对大学生价值观产生的消极影响有:"自由'泛滥'后的价值扭曲""虚拟幻

---

① 许良. 技术哲学 [M]. 上海:复旦大学出版社,2004:261.
② [美] D. P. 约翰逊. 社会学理论 [M]. 南开大学社会学系,译. 北京:国际文化公司出版社,1988:593.
③ [荷] 简·梵·迪克. 网络社会——新媒体的社会层面 [M]. 蔡静,译. 北京:清华大学出版社,2014:286.

想致使人格障碍""信息良莠不齐呈现多元诱惑"①。还有研究者认为，新媒体中青年亚文化对大学生价值观的消极影响有："多元文化环境导致大学生价值追求模糊""虚拟精神空间导致大学生责任意识淡漠""表浅文化表象导致大学生价值取向功利化"②。这些都是在今后的思想政治教育工作中需重点关注的。

二、商业化社会所致的以利为利

当代世界是以商业化为主导的生产及生活场域，可以名之为商业化社会。商业化社会以"货币"与资本为追求的主要目标，货币与资本已成为当代社会最正常不过的追求理性。格奥尔格·齐美尔（Gearg Simmel）早就看到了商业化社会的典型特点，他在《货币哲学》里强调，在商业化社会"货币占据支配地位，反映了或再现了非个人性的社会关系君临一切，抽象的货币乃是抽象的社会关系的象征"。③货币的现代演进推进了人类的文明进程，但也不可避免地造成了人性之没落。商业化社会的一个典型特点是"市场主要是透过商品的价值观来侵入人类非商品化的活动"④。在后现代理论家看来，"晚期资本主义使商品化的力量延伸到几乎全部的社会和个人的生活领域，穿透知识、审美、信息等领域，充分实现了最纯粹的资本主义……高雅文化和低级文化之

---

① 张夏.新媒体对大学生价值观建构的影响及教育路径研究[J].学校党建与思想教育，2013（3）：69-71.
② 李璇.新媒体中青年亚文化对大学生价值观的影响[J].思想理论教育，2013（7）：64-68.
③ 文军.西方社会学理论——经典传统与当代转向[M].上海：上海人民出版社，2006：99.
④ 杨善华.当代西方社会学理论[M].北京：北京大学出版社，1999：193.

间的坚固界限已经瓦解；现代主义作品受到了资本主义的完全认可和改编利用，丧失了批判和颠覆的棱角；文化几乎完全商品化，从而丧失了向资本主义发起挑战的距离；由于主体已彻底破裂，因而焦虑和异化问题以及资产阶级的个人主义也不复存在；颓废的现代主义抹杀了具有历史意义的过去，同时使人们不能感觉到一个具有不同意义的未来；出现了令人迷茫眩晕的后现代超空间"①。

商业化社会导致生活世界的殖民化，也即价值观念的商品化以及文化的商业宰制性。在尤尔根·哈贝马斯（Jurgen Habermas）看来，生活世界殖民化也即原本属于私人领域和公共空间的非市场及非商品化活动，被市场机制所侵蚀了。人们的思想为"市场的'排他性'或'独享'价值观所取代了。原本人类一片非经济活动的地带给商品化了。现代人也慢慢地改变其价值观、世界观和对自我的理解。极度个人主义实验的生活变成了现代人的主要生活模式"②。在商业化社会中，大众文化丧失了真正的文化所应具有的个性和创造性，呈现出商品拜物教的特征。改革开放四十余年来，中国经济飞速发展，获得举世瞩目的成就。市场经济高度发展，使得我们进入到一个商业化时代。商业化时代虽然为社会、国家、个人带来丰厚的经济基础与福利，但我们也不得不承认商业化社会存在的一系列伦理与道德困境；不得不承认商业化社会的快速来临导致人们社会心态的异样变化，而这种变化的一个重要表现就是当前社会中的"人人为利"现象。"人喜言利"本是一种正常的社

---

① ［美］道格拉斯·凯尔纳，斯蒂文·贝斯特. 后现代理论 [M]. 张志斌，译. 北京：中央编译局出版社，1999：240.
② 杨善华. 当代西方社会学理论 [M]. 北京：北京大学出版社，1999：193.

会心态，但社会总体的过度言利必会造成观念化导的困难，造成以利为利的心态。当然，这并不是说商业化社会必然导致人皆言利，这其中亦伴随着社会的快速变迁给人们带来的冲击，伴随着传统的消退以及农业生活向城市化生活的快速转变等因素的影响。由于传统的道德、伦理、习俗遭到冲击，新的文化生活及文明价值理念短期内尚未与人们的生活正式接轨，因此不可避免地导致社会及民众的心态失范。这与我们当今社会处于转型期、社会发展有待提升有关。但必须承认的是，这是我们必须面对的事实，所有这些都是时代与社会的快速发展带给人们的负面影响，有待今后的治理与完善。

三、消费社会所致的迷狂与异化

消费社会乃是法国社会学家让·鲍德里亚（Jean Baudrillard）提出的一种社会理论。鲍德里亚看到这样的事实，即人类从工业社会以来的生产型社会进入到一个以消费为主导的社会。其中，无论是消费者还是商家都在围绕消费而活动：消费者面临不断翻新的诱惑，而市场则不断创造新的更多的诱惑，"一方面，消费者不断贪求新诱惑，而又很快腻烦已有诱惑；另一方面，世界按照消费世界模式，而且，像市场一样，准备加速成全和改变其诱惑"①。不同于生产型社会，"消费社会是资本主义现代化进程的典型表征"②。在消费社会中，消费者的许多购买行为不再是因为现实的物质需要，而更多是一种被诱惑感觉下的非理性欲

---

① [英]齐格蒙特·鲍曼. 全球化——人类的后果 [M]. 郭国良，徐建华，译. 北京：商务印书馆，2013：81.
② 陈雪娇，庞立生. 历史唯物主义与消费社会的现代性批判 [J]. 广西社会科学，2019（7）：106-110.

望满足。在消费社会中，人们"通过梦想获得机会是不假思索的消费动机和能力。消费成了生活的一种方式和测量好坏的尺度。孩子受到梦想的剥削，父母受到孩子的剥削，其结果有时是滑稽的，有时则是可怜的"①。消费社会，一方面是生产的极度过剩，另一方面是千方百计地引诱人们消费的欲望。而且当下，"消费社会的逻辑和特征已经在我国社会的各个领域得以渗透和体现，在传媒文化层面也有诸多表现，如新闻的娱乐化、趣味化，青春偶像剧的兴盛，广告日益强大的力量，真人秀主宰周末荧屏等，近些年兴起的网红现象背后也隐藏着消费社会的逻辑"②。

总之，消费社会中人们的购买行为已很少出于理性的抉择，而是更多地受到广告商的影响。在消费社会，人们的消费行为已很少是基于刚性的必需，而更多地受到"明星""广告""影视""娱乐"的影响。广告存于媒体之中，但却影响人的内隐记忆；影视和娱乐，虽然没有告诉人们如何消费，但却已在引导人们如何消费。在消费社会，以往农业匮乏时代的生活理念慢慢显得过时——"勤劳"慢慢地为节省劳动的技术商品所改变；"简朴"则更是不符合消费社会的时尚理念。

在消费社会，消费者行为学、金钱心理学之类的学科已然不是为了消费者而服务，它不是真正关注购买者的心理感受，不是去帮助人们识别商业诱惑、购买圈套、销售小伎俩，而几乎完全是为商家、平台、公司、销售者而服务。这些学科苦心孤诣地挖掘并研究消费者或潜在消

---

① [美]雷蒙德·保罗·库佐尔特，艾迪斯·W·金. 二十世纪社会思潮 [M]. 张向东，等译. 中国人民大学出版社，1991：306.
② 付怡. 消费社会视角下的网红现象研究 [J]. 东南传播，2018（9）：92-95.

者的各种行为规律、潜意识心理、记忆节奏、认知再现、购买情绪感受等心理学知识,然后期望兜售给卖方市场主体。我们需认清其中的心理学规律、定律几乎全然不是为购买者、消费者服务,也不是关注他们的利益是否受损。在大数据背景下,专业人士收集人们的网购信息、购买数据,继而分析人们的行为特征、性格特征、需要的商品、消费水准,之后再向人们推送更多类似的产品,目的是让人们在快乐中掏出更多的钱,甚至透支更多的钱。

四、唯乐时代的"娱乐至死"

"娱乐至死"乃是美国著名媒介学家尼尔·波兹曼(Neil Postman)提出的一个重要概念。波兹曼以电视媒介为对象,指明电视娱乐对人的过度主宰。波兹曼理性地指出,"在这里,一切公众话语都日渐以娱乐的方式出现,并成为一种文化精神。我们的政治、宗教、新闻、体育、教育和商业都心甘情愿地成为娱乐的附庸,毫无怨言,甚至无声无息,其结果是我们成了一个娱乐至死的物种"[1]。波兹曼主要站在理性主义的立场展开其批判性反思。在其看来,"'娱乐至死'的可怕之处不在于娱乐本身,而在于人们日渐失去对社会事物进行严肃思考和理智判断的能力,还在于人们被轻佻的文化环境培养成既无知且无畏的理性文盲却不能够自知的社会群体"[2]。媒介娱乐的过度发达,加之人所身处的媒介无所不在的环境,正在使人丧失理智与警醒。

---

[1] 龙亚莉. "娱"还是"愚"?——读《娱乐至死》[J]. 吉首大学学报(社会科学版), 2009 (4): 157-158.

[2] 周倩. 新媒介时代下的娱乐至死 [J]. 视听, 2017 (10): 17-18.

<<< 第六章 当前思想政治教育环境的新变化及其所致的教育实践困境

通过历史考察可以发现，媒介与人的生存密切相关。媒介的跨越式发展，既是人类走向文明的表征，同时也可能存在使人溺陷的迷雾。当下，随着技术的高度发展，人们投入体力劳动的时间越来越少，闲下来的时间越来越多。但问题是，人的闲暇已很少是自我主动的规划与安排，而更多是被电视等媒介所占据。大众化的电视娱乐成为人们的闲暇消遣品，"娱乐不仅仅在电视上成为所有话语的象征，在电视下这种象征仍然统治着一切"①。

虽然波兹曼是以电视为对象做出的研究与省思。但我们亦需承认，波兹曼的这一洞识在4G所支撑的即时通信的今天更加恰当。在4G时代，我们已然看到各式各样、各行各业、各个年龄段的人每天沉溺于智能手机，而快手、抖音、微博、微信以及手机游戏更多地占据原本应该闲暇的精力，挤占甚至消耗人的学习、工作时间。当下，抖音、快手等App以简短、刺激、戏谑、夸张的内容，让人在短时间内开心、大笑、着迷。每个视频虽然都很短，但却耗费个体大量的时间，让人难以超脱。"不只是青少年对抖音毫无抵抗力……即便是有克制能力的成年人，一旦使用抖音类的短视频软件，其耗费的时间成本也是极高的"。②当然，网络时代来临前出生的个体尚有一定的自制力，但网生代的个体则更多是沉溺并享受这种娱乐。"被新媒体培养起来的'网生代'观众，在碎片化信息的轰炸、视听快感的裹挟、感性的放逐中，沉浸于新

---

① [美]尼尔·波兹曼. 娱乐至死[M]. 章艳,吴燕莛,译. 桂林：广西师范大学出版社,2009：81.
② 张颖慧. 新媒介环境下的"娱乐至死"——以抖音App为例[J]. 新闻研究导刊,2019（12）：84-85.

媒体所塑造出的媒介'幻觉'里，与理性越走越远。"① "在这样的大环境之下，个体的生存亦离不开各种泛娱乐化的表象……陷入集体无意识的愚乐之中不可自拔。"②其结果是，娱乐主宰人们的闲暇，占据人们的思想，多数人的生活都被娱乐所占据。

在此，我们能够认同波兹曼的忧思，毕竟个体一旦完全沉溺其中就容易产生依赖，丧失清晰的理智与批判的精神。正如赫胥黎在《美丽新世界》中所忧思的，"人们会渐渐爱上工业技术带来的娱乐和文化，不再思考"③。波兹曼则警示世人，"我们终将毁于我们所热爱的东西"④。虽然波兹曼的理论有过多的批判，甚至有些危言耸听，但我们确有必要省思现时代的过度娱乐化现象，反思其可能带来的负面后果。

第三节　思想政治教育环境变化所致的教育困境

当前，思想政治教育环境无疑正发生着重要的变化。除了前面所述的时代性、社会性整体环境的变化外，还有以下几个场域的变化需要重点考虑。

---

① 吕梦臻. 互联网时代下的"娱乐至死"[J]. 视听，2020（1）：25-26.
② 董丽丽. 娱乐至死的物种——个体在泛娱乐化时代的倾向性狂欢[J]. 传播力研究，163-164.
③ 张颖慧. 新媒介环境下的"娱乐至死"——以抖音 App 为例[J]. 新闻研究导刊，2019（12）：84-85.
④ 张颖慧. 新媒介环境下的"娱乐至死"——以抖音 App 为例[J]. 新闻研究导刊，2019（12）：84-85.

<<< 第六章 当前思想政治教育环境的新变化及其所致的教育实践困境

一、家庭的变化

家庭在个体成长及生活中具有至关重要的分量，家庭结构的完整与否，家庭关系的和谐与否，家庭关爱的充足与否，家庭教育的良好与否，都对个体幼年乃至成年的心灵具有最关键、持久、根本性的影响，而家教、家风亦从根本上关涉个体未来社会生活中的德行与修养。在思想政治教育研究中，"家庭"一直是学科关注的重点，研究者往往从家庭、学校、社会环境三个方面探讨个体秉受的思想观念、价值观念的影响源头。

改革开放四十多年来，家庭的稳定性遭受前所未有的冲击，离异家庭、单亲家庭、空巢家庭、留守家庭、流动家庭、失独家庭越来越多，以下就几种主要类型进行阐述。①

第一，单亲家庭的增多。当代单亲家庭的增多更多是父母离异等原因所致，"2015 年，在全国的单亲家庭中，属于离异的有 2396 万户，其中离婚年龄段在 30 岁至 40 岁之间的家庭，比例高达 85%，在这个年龄段的家庭中，孩子年龄一般都是相对较小，属于未成年子女。在父母离异的过程中，未成年子女通常是最大的受害者"②。很多单亲家庭的子女缺乏完整的关爱，并或多或少地会表现出性格问题与偏差行为。邱芳、戚光远、李娜指出，单亲家庭对子女的负面影响有："情绪不稳定，容易感到愤怒、恐惧和悲伤""独立生活能力差，不能自立""自

---

① 限于论述主旨，本书仅重点论述近十年来中国家庭的变化。
② 李晓宇. 离异家庭未成年子女自卑心理的社会工作研究［D］. 咸阳：西北农林科技大学，2018：1.

我封闭，人际关系失调""性格和性别异化""学业成绩和学习能力相对落后"。① 黄丽对于城市单亲家庭青少年人生观的研究指出，城市单亲家庭青少年容易出现"人生理想模糊，不明确""在人生态度体验上存在悲观、颓废倾向""在人生目标的实现上自信心不足""缺少存在感，找不到自我价值""单亲青少年的价值观存在个人利己主义倾向"等问题。② 虽然样本性的研究并不足以代表全部整体，但这些倾向确实值得关注。

第二，非原生家庭比重的增加。非原生家庭，也称重组家庭。重组家庭主要有四种典型形式，即男女再婚且婚前无子女的家庭、生父—继母家庭、继父—生母家庭和继父—继母家庭。20世纪90年代以来，我国非原生家庭的比例逐渐增加。相对于原生家庭，非原生家庭更容易出现家庭矛盾，更容易影响孩子的健康成长。典型的问题有重组夫妻的矛盾问题、继子女对继父/母的认同问题，当然更有家暴问题、子女的心理健康问题等。一般来说，"重组家庭成员间关系复杂，继父母与继子女之间情感微妙而又脆弱，这就容易使重组家庭儿童的性格发生一些变化，对孩子的教育成长问题带来困难"③。这样的家庭，子女更容易出现叛逆与越轨，这是需重点关注的。

第三，留守家庭的增加。留守家庭主要是指父母长年在外地打工，

---

① 邱芳，戚光远，李娜. 单亲家庭对其子女的影响研究［J］. 社会心理科学，2012（11）：36-38，53.
② 黄丽. 城市单亲家庭对青少年人生观影响研究［D］. 哈尔滨：哈尔滨理工大学，2015：21-22.
③ 陈荣仙. 对重组家庭儿童教育成长问题的探索［J］. 科学咨询（教育科研），2016（5）：24.

子女或独自生活或随老人一起生活的家庭。"根据联合国出版的《2015年中国儿童人口状况——事实与数据》，2015年我国农村留守儿童规模为4051万人。"①留守会给儿童的成长造成许多意想不到的负面影响，童年留守经历既可能出现各种伤害，也容易导致儿童出现心理健康问题，而且也更容易出现越轨行为。有研究者根据所抽取的样本发现，"约四成的留守儿童上小学前生过大病（39.05%），比农村儿童高出近10%……留守儿童自评不健康的比例为5.98%，而农村的非留守儿童自评不健康的比例为4.68%，健康状况良好的比例为69.32%，比留守儿童高出5个百分点"②。亦有研究发现，城乡接合部地区更容易出现校园欺凌，并且校园欺凌呈现出"流动儿童和留守儿童群体居多，欺凌手段、方式和危害更为严重等特征"③。当然，留守也增加了儿童今后越轨的风险。

第四，流动家庭的增加。流动家庭一般是指父母到外地（一般是城市）打工，子女随父母生活但却没有本地户口的家庭。"据国家卫生健康委员会发布的《中国流动人口发展报告2018》显示，2017年全国流动人口的总量是2.445亿，2015年全国流动儿童数量为3426万人，在全国儿童总量中的占比与2010年12.8%的比例基本保持不变。"④这

---

① 秦敏，朱晓. 父母外出对农村留守儿童的影响研究［J］. 人口学刊，2019（3）：38 - 51.
② 秦敏，朱晓. 父母外出对农村留守儿童的影响研究［J］. 人口学刊，2019（3）：38 - 51.
③ 高平安，郭钊. 人口流动背景下的校园欺凌问题分析［J］. 教育导刊，2019（8）：27 - 32.
④ 任焰，周贤琴. "不学习"亚文化——流动儿童的教育隔离与主体再生产［J］. 青年探索，2019（2）：87 - 99.

样的家庭一般在较长一段时期内都是城市的外来者，无法真正融入当地的城市生活中。许多流动儿童无法进入当地正规学校就读，只能进入打工子弟学校，或是干脆辍学。任焰、周贤琴通过对打工子弟学校流动儿童的研究发现，"不学习"在某种意义上已成为这些孩子的一种亚文化。现将他们所录的一位教师口述内容呈现如下：

> 学生们基础都太差，有一些是孩子在老家就太调皮，爷爷奶奶带不了，父母没办法，就带到城市里来，有一些是转了好几次学校，也无心学习，特别是到初二年级，初二是学生的叛逆期，那些家长见到我们老师就说："老师啊，孩子就靠你们管啦，我们管不了，我们也不懂怎么管孩子。"但是我们老师也根本管不了，只求他们不抽烟、不酗酒、不打架就好了。①

当代的家庭及家庭环境已发生许多变化，这些变化了的环境及该环境中个体的思想观念、心理状态、心态感受需要研究者从多个细微的视角加以关注、把握，继而才能更好地进行思想的化导实践。

二、学校与教育的新变化

历史学家尤瓦尔·赫拉利（Yuval Noah Harari）在描述人类未来的教育与学习困境时，曾写下这样一段发人深省的文字：

---

① 任焰，周贤琴."不学习"亚文化——流动儿童的教育隔离与主体再生产[J]. 青年探索，2019（2）：87-99.

<<< 第六章 当前思想政治教育环境的新变化及其所致的教育实践困境

  由于我们无法预知 2030 年或 2040 年的就业形式,现在也就不可能知道该如何教育下一代。等到孩子长到 40 岁,他们在学校学的一切知识可能都已经过时。传统上,人生主要分为两大时期:学习期,再加上之后的工作期。但这种传统模式很快就会彻底过时,想要不被淘汰只有一条路:一辈子不断学习,不断打造全新的自己。只不过,许多人,甚至是大多数人,大概都做不到这一点。①

  此段话对当代多数的未成年人父母及青年人颇具震醒意义。尤瓦尔·赫拉利的话实质上表达的是技术指数级变化给未来的教育、学习可能带来的剧烈冲击,并且尤瓦尔·赫拉利表达出对人类命运的忧思。顺此理路,确有必要思考在不久的将来,人类的学校、教育会发生怎样的变革?这些变化与变革又将对人产生怎样的影响?当下,值此全球疫情的非常时期,从小学到研究生的班级学习都已经由网络媒介开展。那么,疫情结束之后的未来,网络媒介的学习是否会与班级学习平分秋色,甚至更胜一筹?那么,作为传统思想政治教育场域的学校的变化又将对思想政治教育的工作实践产生怎样的影响?

  21 世纪以来,对学校及学校教育变革、发展方向的讨论一直是学界关注的重点,许多学者从多样化的视角提出自己的见解。为了清晰、方便起见,以下暂引几位学者、实践工作者代表性的观点,以便建构起该图景的基本轮廓。

---

① [以色列]尤瓦尔·赫拉利. 未来简史[M]. 林俊宏,译. 北京:中信出版社, 2017:296.

1. 学校会成为学习共同体，不再是一个一个孤立的学校而存在；2. 开学和毕业没有固定的时间；3. 学习的时间弹性化；4. 教师的来源和角色多样化；5. 政府买单和学习者付费将并存；6. 学习机构一体化，学校主体机构与网络教育彻底打通；7. 网络学习更加重要；8. 游戏在学习中发挥更加重要的作用；9. 学习内容个性化、定制化；10. 学习中心小规模化；11. 文凭的重要性被课程证书取代；12. 考试评价从鉴别走向诊断；13. 家校合作共育；14. 课程指向生命与真善美；15. 将有幸福完整的教育生活。

——朱永新（中国教育学会副会长）

未来的中小学校的校园建设中将更多呈现出智能化的特点。校园基础建设中会大量地使用传感器，利用校园的高速网络，将各种数据传输到学校的信息平台；每位学生都会拥有一个电子身份，可穿戴的传感器及时将学生情况反馈到学校信息平台，信息平台随时能根据学生的情况做出课程、运动、学习等方面的指导及建议，调整他们的课程，帮助每位孩子个性化地持续发展。学校的教育管理将呈现出技术化、智能化和人性化。教育管理原先烦琐的事可以由技术来完成，解决了碎片化的问题。教师的讲授方式将由原先的定点、定时、一对多的师生面对面的课堂模式转为不定点、不定时、一对一的非面对面的学习模式。允许老师不到校上课，鼓励老师做自己想做的事。

——孙丽（江苏淮阴师范学院第一附属小学教师）

未来学校将是"互联网+"背景下现在学校结构性的变革，

<<< 第六章 当前思想政治教育环境的新变化及其所致的教育实践困境

为每一位学生提供私人定制的教育。未来学校具有三大特征：一是学习场景相互融通，利用信息技术打破校园的围墙，把一切有利的社会资源引入学校，学校的课程内容得到极大拓展，学生线上线下混合学习，整个世界都变成学生学习的平台；二是学习方式灵活多元，把知识学习与社会实践、社区服务、参观考察、研学旅行等结合起来，正式学习与非正式学习融为一体；三是学校组织富有弹性，鼓励学生自主管理，增加家长和社区在学校决策中的参与度，根据学生的能力而非年龄来组织学习，利用大数据技术让教育变得更加智慧，让学生站在教育的正中央。①

——曹培杰（中国教育科学研究院未来学校实验室副主任）

当下，各级各类场域的教育改革、教育革新正如火如荼地进行着，未来一段时间内，"每个学生可能有自己个性化课程和学习的自由选择权；实行'小班化教学'，采用'走班制'，选修'AP 课程'，实施'翻转课堂''在线学习'等"②。这些都是目前可见的学校教育变革的努力与用力方向。这些种种改革、创新，同时意味着此前固定化制限的消弭、齐一化教育的退场、学习的去空间化、学习的泛时间化、学习的媒介化。如在若干年前上海市政府制定的《上海市中长期教育改革和发展规划纲要（2010—2020年）》中就提出，"上海基础教育的变革核

---

① 上述三段资料均引自：冯安华. 未来的学校是什么样？[J]. 中小学信息技术教育，2018（Z1）：27-29.
② 郭法奇，郑坚，吴婵. 学校演进的逻辑及发展趋势[J]. 教育研究，2017（2）：40-47.

心理念是'为了每一个学生的终身发展'"①"为了学生的终身发展",就不得不顺应未来剧烈的技术变革可能导致的人类生存处境。目前,教育变革的一个用力方向是"学习共同体学校"的实验与实践。所谓学习共同体学校,"是指儿童们相互协同、合作学习的学校,作为专家的教师们相互协同、合作学习的学校,家长和市民积极参加到学校活动中进而相互协同、合作学习的学校"②。目前,在新加坡,以及我国的上海、西安、北京等城市都已开始此类实验,而且相信今后这类学校模式会有更广大的应用前景。

就大学的变化而言,21世纪以来,我国的大学逐渐向企业化方向发展③。具体表现为:知识寻求向经济的转化,企业化管理,盈利为主的模式,大学教育去精英化等特点。此外,虚拟大学亦是大学变革的另一用力方向。虚拟大学是20世纪80年代以来产生的一种大学创新形式,"虚拟大学不是一种新的大学,而是大学的一种新存在方式,它是网络技术催生下继理念大学和制度大学之后出现的且与之并存的第三种大学概念",世界上"通过互联网授课获得认可的第一所虚拟大学是成立于1993年的美国琼斯国际大学"④。可以预判,随着网络技术、媒介技术的快速发展,在不久的将来可能会有更多的虚拟大学产生。与虚拟大学相对应,许多实体大学正逐渐向虚拟化方向发展,如目前的

---

① 蒋鸣和,肖玉敏,朱益明. 信息技术助推学校转型 [J]. 中国电化教育,2014 (5):45-57.
② [日] 佐藤学. 21世纪学校改革的方向 [J]. 人民教育,2014 (1):31-35.
③ [日] 佐藤学. 21世纪学校改革的方向 [J]. 人民教育,2014 (1):31-35.
④ 张虹,陈恩伦. 大学虚拟化对学校教育的影响 [J]. 现代教育技术,2018 (9):33-39.

MOOC、SPOC等线上课程皆是大学虚拟化的有效尝试。在不久的未来，大学虚拟化将会是大学教育的一种新常态。届时，大学将呈现出形态的虚拟化、交往的网络化、时空的无边界化、学习的自主化等新特点①。

当然，学校的变革来源于外部世界的飞速变化。当下及未来，知识流动速度的加快，知识时效性的变短，知识迭代速度的加速，有用知识的不确定，都必然要求学校不得不痛下改革的勇力与决心。而工业革命以来"工作"带给人们的理想化愿景，岗位式工作作为生存主导模态的愿景正在逐渐退去。如是，无论家长、学校、职业培训机构皆不得不积极找寻可能的细微变化，继而调整子女或学生教育或学习的重点，这些或将占据家长与父母更多的心力与精力。

我们更需承认，学校在未来的变化将不是简单的学校管理主体单向度的变革，亦有更多变化源自它的内部，源自学生自身的变化。其中，既有技术手段的变化可能带来的学校管理模式、与家长连接方式、教育空间场域的变化，更有学生与信息载体互动所致的变化。学生的变化，一是因为学生在生活世界中已然身处视频、音频、网络文字无所不在地构筑起来的立体信息海洋。许多原本应该在课堂讲授的知识，学生通过视频、音频或已有初步了解，或有了更高明的了解；许多在课堂上作为主导理念的价值观传递，却会遭到视频、音频、短视频信息的消解与阻隔；而且，技术、经济所致的社会快速变迁，正在使知识无用化的速度加快，课本落后于视频、音频、短视频、网络文字的速度在加快，这些都容易导致学生产生对课程学习、课堂学习的无用感与厌倦情绪。二是

---

① 张虹，陈恩伦. 大学虚拟化对学校教育的影响［J］. 现代教育技术，2018（9）：33-39.

即使在正规的学校场域,学生也更多地使被智能手机占据时间与精力。手机游戏、娱乐节目、自娱方式更多地占据着学生的身心,教师对他们的影响力在减弱,这些对思想政治教育的接受效果也会产生明显影响。如魏魏认为,"手机文化的不可控性加大教育引导难度""手机使用的过度依赖性影响大学生身心健康""手机信息的碎片化制约思想政治教育深度"①。这些尚仅仅是目前"问题"的少数方面,然而真正的"问题"还有很多,需因应的"问题"也有很多,需要更多的智慧去化导、化引,而不是否认"问题"的存在。

三、不确定因素的增加

现代社会的一个重要特点是不确定因素及风险因素的增加。此处所说的不确定主要是指因技术的意外性与现代社会的复杂性可能导致的偶然。虽然现代社会随着科学技术的发展在物质方面已经充裕丰盈,但是我们不得不承认,它在某种意义上可能是一个"失控的世界"。这又主要是因为,伴随着全球化而来的大量社会现象的复杂及不可预测性,使我们已经无法用早期工业时代的思维方式来认识当代社会。对此,吉登斯这样写道:"这个世界看起来或者感觉起来并不像他们预测的那样。它并没有越来越受到我们的控制,而似乎不受我们的控制,成了一个失控的世界。"②技术所致的风险问题在当代尤能触动人们不安全感的神经。正如贝克所言,"你可以拥有财富,但必定会受风险的折磨;可以

---

① 魏魏. 智能手机对高校思想政治教育的影响及对策探析 [J]. 巢湖学院学报, 2016 (1): 33-36.
② [英] 安东尼·吉登斯. 失控的世界 [M]. 周红云, 译. 南昌: 江西人民出版社, 2001: 引言3页.

说，风险是文明所强加的。"①这个世界不是稳定安全的，而是充满了焦虑，并被复杂的分化所影响。在这样一个全球化时代，政府与国家的控制力减弱，社会中层变少，社会底层扩大，而且资本开始统治劳动。在这样一个失控的世界，危险更多地来自我们自己，比如全球性的环境危机、核裂变。由于影响源的多样化、文化的多元化、技术的高度分化，国家与政府的控制力受到削弱，很多事件不是国家、政府径自可以控制住的。在这样一个失控的世界，很多因素的发生都是复杂的、偶然的，这些都是对当今的思想政治教育提出的新挑战。

在这样一个时代，世界事务充满了不确定，表现为中心的作用减弱、控制的能力降低。在风险社会，家庭、婚姻、职业、性别关系等所有社会生活领域里，人们的不安全感都在增长。单就人们可见、可感的现象，人们都可感受到身处风险之中。风险社会的后果是全球性的：日本福岛的核泄漏，导致中国居民的异常恐慌；转基因食品在民间大行其道，在牛不吃玉米叶，粮食不长虫子后，引起在农村多年生活的村民的担心，准备易食而吃；原本发明出来意在减少女性患病风险的避孕药，如今成了黄瓜种植农户们的最爱；许多化学实验室诞生的新产品具有美化色泽、防止食品腐败的作用，如今却常超量且意外地进入人们的腹中；当然，还有许多先进国家的"洋垃圾"凭借其廉价及高利润先后在中国登陆；更有风靡一时的某些商品，在被曝光之后，才知是行业公认的潜规则……

当然，网络时代、科技时代可能的不确定因素及影响还有很多，这

---

① ［德］乌尔里希·贝克. 风险社会［M］. 何博闻，译. 北京：译林出版社，2004：21.

些皆构成人们生活的社会环境的新变化，构成思想政治教育环境需考虑的一个方面。

总之，当前的思想政治教育环境已经发生了全新的变化与变革，这些都是对当今及未来思想政治教育工作的全新挑战。如果不能深刻认识并努力应对这种挑战，那么只能让思想政治教育在迅速变化了的环境下陷入新的困境。因此，对于思想政治教育实践过程及实践机制的认识，有必要充分考虑到这些变化了的环境及因素，有必要在对"化与认同"这对思想政治教育根本矛盾把握的基础上，积极因应变化了的新环境，解决新的问题，做出新的贡献。

第四节 "化与认同"视域下思想政治教育实践机制的优化路径与方法

在当下，时代与社会无疑正发生全面而深刻的变化，此种变化又迅速地变革着人们的价值观。在这样的背景下，思想政治教育的手段、路径、过程等均需随着变化了的新环境及新条件进行必要的革新，并与时俱进。思想政治教育的实践机制，也需在新的挑战下进行必要的优化，而这种优化又需围绕其根本矛盾展开。可以说，当今思想政治教育实践过程及机制的优化是势在必行的。这是因为，非此则无以迎接时代与社会变化的全新挑战，非此亦无以顺利地实现思想政治教育的预期使命。

思想政治教育实践机制的优化，不能简单地只是因应对外在变化与外在挑战而起，它还必须切中思想政治教育的根本矛盾这一"环中"，并对此有深刻的理论把握。而这种理论把握,又需要将思想政治教育根本矛盾与变化了的新环境特点充分关联到一起进行考虑。因此,这种实践机制的优化,需要深刻认识"化"的多重内涵、路径、载体以及现时代赋予的新变化;需要深入分析影响"认同"与否的多重维度与多重因素;而且还需要认识到"认同"在个体思想形成中的作用。只有将思想政治教育的主体与客体、思想政治教育的拟定目标与效力判准充分结合起来,才能更好地促进思想政治教育机制的优化。正是基于上述考虑,本书提出以下几个方面的对策,作为此种机制优化的可能路径。

一、整合资源,凝练理论,促进思想政治教育理论的深刻性和易认同性

思想政治教育能否得到受教化客体的认同,一个最根本的前提是其理论资源及理论经典的科学性、深邃性、合理性以及合现实性。只有思想政治教育理论资源本身的科学性及时代性得到保证,才能有思想政治教育工作的顺利有效进行。追本溯源、返本归根,只有当一门学科的经典文本能够在哲学层次、社会层次、心理层次、文化层次上真正具备真理性,能够涵涉复杂的社会现实并具备解释复杂社会现实的预见力与解释力时,才能更好地赢得受教育客体的"认同"。这是所有教育及工作实践的前提,也是效果达成的根本保证。

无论是在中国还是在西方,无论是在社会主义国家还是在资本主义制度国家,马克思、恩格斯的理论经典都赢得了广泛而深刻的认同。"马克思主义思想理论在西方社会哲学界的普及要比很多人所想象的广泛得多。"①无论是马克思的剩余价值论、异化论、阶级论，还是其历史唯物主义，都赢得了东西方思想界的普遍认同，马克思也因此被誉为"千年思想伟人"。马克思的技术哲学思想、生态思想、资本理论，在今日的思想界依然有着时代性的理论价值。而在马克思主义中国化的过程中，很多理论成果都是实践基础上的理论凝练，涵盖了很多社会实践因素。它们的生命力即在于它们是时代精神与实践结合的理论创造与理论抽象。在当代，思想政治教育理论要想做到理论凝练与理论提升，亦应当在深邃性、时代性、科学性方面进行提升。无疑，目前的思想政治教育理论，相较于初创时期已经有很大的提升。我们不得不承认的是，目前的思想政治教育理论无疑仍有很多不足。当前的理论更多是借鉴、采用其他学科理论而成，借鉴比附的成分与特点很重；很多理论缺乏深度，相较其他学科有浅显与表面化的特点；而且很多理论有简单拼凑的特点，缺乏解释力，缺乏吸引力，缺乏深刻性；学科的整体理论仍缺乏学科特质性，缺乏元理论层面的反思。因此，凝练理论、整合资源就显得至关重要，需要促进学科理论的科学性、时代性、深邃性、易读性、易传播性，需要凝练理论。

凝练理论至关重要，凝练理论同时还有很多具体的工作要做。凝练理论，一方面是对已有理论典籍中在现时代依然有高度解释力的理论进行编辑、整理与阐释；另一方面，是对已有的一般性理论，进行去粗取精，去除那些肤浅、简单、空泛的理论，对已有理论中较为深刻的，具备科学解释力、学科独到性的理论进行整合，突出它们在思想政治教育

---

① [美]雷蒙德·保罗·库佐尔特，艾迪斯·W·金著. 二十世纪社会思潮[M]. 张向东，等译. 北京：中国人民大学出版社，1991：55.

学科中的重要性。此外，还需对已有的在当今依然具有高度解释力的深刻理论进行文本解读。只有将深刻的、难懂的经典理论化为易读、易懂的解释，才能更好地获得客体的认同。

除了上述方面，还有两个方面也很重要。其中，一个是要抓住思想政治教育学科特质性的环中；另一个是要促进思想政治教育元理论的提升。这两个层面在根本上又相互关联，是有机结合在一起的。抓住思想政治教育的环中，也就是抓住了思想政治教育的根本矛盾。只有从根本矛盾处展开理论探索，围绕根本理论展开理论建构，才能更好地促进理论的深度与广度。其中较为重要的是，要促进思想政治教育元理论的创新。创新不是凭空而起，也不能脱离社会实践，亦不能简单比附，更不能简单空泛。只有在广泛采择人文社会科学经典成果的基础上，只有在深入反思思想政治教育根本矛盾的基础上，才能真正实现具备思想价值、学科价值的理论创新。所有这些，都需要理论工作者踏实、勤恳、艰苦劳动、长期酝酿方能实现。

此外，欲促进思想政治教育的易认同性，还要实现资源的整合。思想政治教育是一个系统工程，是一个多维立体的网络结构。在思想政治教育过程中存在着多维资源，这些资源有主体资源、理论资源、方法资源、媒介资源、机构资源等。传统的思想政治教育工作由于各方面的限制，往往各自为政，只注重传统资源、机构资源或者书本资源的使用，缺乏社会有机联系下的教育方式与教育协同。实现思想政治教育的资源整合，就是要在充分考虑现实可能性的基础上，充分考虑易获取性的基础上，对传统的资源及新产生的资源，对文本资源、声音资源、影像资源、网络资源进行充分的整合，实现结构性的再创造。

177

总之，只有实现多种资源的有效整合，才有利于促成思想政治教育效果的积极达成。无论是对全社会的思想政治教育，还是针对具体特定群体或少数个体的教育，都需要整合教化资源，实现教化主体、教化内容、教化媒介、教化方法等的整合，以此提高思想政治教育客体的认同度。

二、因人因时，采用多维化育化导方法，提高教化的平实性与可认同性

教化作为广义的范畴，涵涉范围广泛。一般而言，社会主导阶级在全社会范围内的价值及理念灌输宣传在本质上是一种教化。在思想政治教育工作早期，此种方式是必要的，它对于稳固社会、传播先进思想起到重要作用。但是，思想政治教育的最终效果要看受教化客体的是否认同，要看思想政治教育客体自身的特质以及周边的主要影响因素。因此，针对不同的思想政治教育对象，要看其规模、特性、特点、影响因素而采用不同的教化方法，这样才能提高思想政治教育的针对性与有效性。

在实践过程中，针对不同的具体情况需要采用多维教化方法。中国传统中的教化方法有德化、感化、点化、化诱、化诲、化导、化除等。德化是以德之高、品之诚来化客体；感化是以真情与至诚来感染客体；点化是以巧妙方式促进迷茫或愚钝之人的明觉顿悟；而化导、化诱、化诲是给人提供自然的前进导引，使其向好的方向、积极的心态、人生之正途发展；化除是去除先前的移入人脑中的消极思想或闭塞的心态以及不利的心境。

随着现代媒介方式的丰富，教化的方式方法正在发生变化，思想政

治教育的教化方法也正在适应时代而变化，而关键是这种变化与创新是否实事求是，是否反映了变化了的实际。社会科学中社会学、心理学等学科的确立往往在于方法本身的科学性。思想政治教育应积极挖掘并创新教化方法，采用多维方法，提高教化方法的科学度与易认同度。针对不同客体和不同情况，应采用不同的教化方法。在教化过程中要注重受教育客体自我接纳、自我成长的机制，注重德化、点化、感化、转化方式的运用，注重教化方法的渐进性、自然性与过程性。根据新的时代特征、对象特点以及具体条件，应适时创造新的方式方法。在当下，思想政治教育方法的创新应重点在促进理论传播的媒介与方式上下功夫，也就是重点在新媒体及其影响功能上下功夫。很多学者在此方面已做了大量工作，在此不再赘述。

三、适时调研客体的思想认同状况，深入分析客体认同困难产生的原因

思想政治教育效果的达成是思想政治教育主客体共同合作、双向建构的结果。思想政治教育过程不是教育主体单一的独白，而是主客体双向交互主体性的对话。以往的思想政治教育往往将教育的对象单纯地当作只会接纳的呆板客体，忽视了他们的需求、思想、情感、困惑、矛盾，因而往往使得教育变得形式化、表面化。而只有"当思想政治教育从说教走向对话，从真理的化身走向时刻面对现实的自省，从无可置疑的理论权威走向波澜壮阔的社会实践，思想政治教育才真正获得了不

竭的生命源泉"①。这就要求在思想政治教育过程中，主体需对教化客体的思想认同度具有深入的关心与了解，将客体当成有生命、有情感、有思想、有感受的活生生的主体。只有这样才能不断调整思想政治教育的水准，促进认同度的提升。

思想政治教育实践需将思想政治教育中"化"与"认同"这两个重心结合起来，不光要重视教化与灌输，同样还要对教育客体的认同度有清晰的了解。这就需要用科学合理的方法来调查思想政治教育客体的认同度，对于他们认同的原因、不认同的缘故、认同的深度与广度都要有真实的第一手了解，以便采取科学的措施做好针对性的工作。此外，对思想政治教育客体存在的认同度低下状况要深入分析，做到透彻、具体。无论是客体自身的原因，还是环境因素的干扰，抑或是教育主体、教育方法的原因都要深入分析，因为只有这样才能使思想政治教育工作落到实处，取得良好的效果。

四、深化对于客体认同形成的机制分析，继之采取积极有效的化导策略

对于个体思想形成机制的认识，是思想政治教育实践工作的首要前提。个体思想的形成主要有内隐认同与外显认同两种方式。其中外显认同是个体自我明确意识到的价值判断与价值选择，而内隐认同则是个体未曾意识到但却对真实发生影响的认同方式。深刻认识个体思想形成的认同机制，是思想政治教育得以奏效的关键所在。

---

① 谢晓娟，李文苓．新中国成立以来思想政治教育的历史变迁与新的历史使命 [J]．教学与研究，2010（5）：74－80．

由于外显认同具有明显的意识觉知性和"为我性",它是个体明确意识到的一种价值选择,因此要结合个体的兴趣爱好,采用生动灵活的方法,促进教化过程的感染性。只有采用易于为客体内心接受的方法,方能更好地促进个体的开化。内隐认同是在个体未能意识到的情况下发生的不自觉的影响。这种影响既包括思想政治教育主体对于个体施加的影响在个体意识中的无意识化,也包括外界其他文化因素、环境因素对于个体不自觉的影响。而外界的消极影响一旦为个体所内隐认同,就严重影响思想政治教育效果的达成。因此,必须针对这种情况采取有效的化导策略。对于个体已经内隐接受的积极影响,要采取化诱、化诲、化导、点化等方法来积极引导,促进个体原有的积极观念的外化,并形成行为习惯,继而成为思想信念。对于个体内隐接受的消极影响,要采取相应的德化、感化、化除等方式,消除个体不好的思想倾向、价值观念,促使其向好的方面转化。

在现时代,深刻认识个体的内隐认同机制尤为必要。随着经济全球化在中国的全面来临,中国已经步入了一个商业化时代。伴随着商业化而来的是娱乐文化、消费文化、网络文化全面占据人们的生活。这些文化以个体未曾意识到的方式对个体的价值观念发生影响。商业文化、娱乐文化、消费文化所承载的负面价值在无形之中影响着个体的思想,不利于思想政治教育积极效果的达成,加之"内隐认同"发生的广泛性、"他种价值选择的影响附加性"、对于个体心理信念与外在行为的决定性、认同价值改变的困难性,因而,对于负面价值的内隐认同更是严重影响社会主导思想的宣传效果。因此,深刻认识此种机制,采取适宜的化导方法显得至关重要。

除此之外，客体在认同形成过程中往往会伴随着认同困惑、认同障碍、认同矛盾、认同危机、认同解离。对于这些状况发生的主要原因、影响因素、发生特点、转换策略的研究有助于增加对客体认同形成机制的认识。

余 论

以上是本书的主体部分论述。作为数年前已成型的文字,在今天看来有些不合时宜,书中文字多少有些唐突,尤其是对思想政治教育发展趋势、发展困境、实践机制的把握可能有欠精准。应该承认,近年来思想政治教育学科发展渐趋成熟,研究方法愈发规范,研究视角更加多元化,学科体系也日趋完整。这既得益于外部条件的有力支持,同时也得益于思想政治教育内生力量的不懈坚持。此处拟通过近五年的部分期刊文献管窥学科研究的新趋势、新特点,以此弥补前述文论的偏失与不足。

首先,在研究的整体趋向方面。近年来思想政治教育研究鲜明地呈现出以下特点:第一,越发注重借鉴社会科学的定量方法、统计技术、统计软件,学科的方法论自觉更加明显(虞滢、金林南,2016;马超、娄淑华,2016;郭超、王习胜,2019;张瑜,2019;虞滢,2019);第二,专业建设越来越受重视,并逐步走向科学化、体系化,表现出与时俱进的精神(杨威,2016;彭涛、黄少成,2016;李斌雄,2016;石书臣,2016;佘双好,2016;邢鹏飞,2018;孙其昂、王臻,2018);第三,思想政治教育的工作创新、实践创新、载体创新、理论创新愈发受到重视,选用维度、致思路径更具启发性(钱进、闵永新,2016;黄蓉生，2016；张耀灿，2017；邱柏生，2019；孙清华，2019；王仓、孟楠，2019；张建晓，2019；宇文利，2019）；第四，更加关注思想政治教育的学科范畴、学科定位、学科分化（刘新庚、张博文，2016；虞滢，2016；张智，2016；张澍军，2017；陶磊、许争昱，2017；魏永强、魏思琪，2017；高峰，2019；汤桢子、佘双好，2019）；第五，格外关注思想政治教育话语权（李艳，2016；孙晓琳、庞立生，2019；李佳佳、李宪伦、毛隆凤，2019；孙晓琳、庞立生，2019；赵建超，2019；马蕾，2019）。

其次，在思想政治教育基础理论方面。如下话题仍是学界关注的焦点：第一，思想政治教育基本范畴、基本学理研究（陈念、金林南，2017；刘红梅、孙其昂，2017；王淑芹、李文博，2018；吴林龙，2018；李合亮，2019）；第二，思想政治教育基本矛盾的新探讨（王莹、孙其昂，2018；匡宁、王习胜，2019；王学俭、顾超，2019）；第三，思想政治教育形态研究（孙迎光，2016；叶方兴，2019；杨威、陈毅，2020）；第四，思想政治教育根源问题研究（杨威，2016）；第五，思想政治教育载体研究（倪松根、孙其昂，2017）；第六，思想政治教育的理论自觉研究（孙艳秋，2017）。

最后，思想政治教育前沿问题研究。近年来，越来越多的新论题、新视角、新热点被引入到学科研究中。这主要体现在：第一，思想政治教育的现代性建构研究（杨威、李春燕，2018；刘红梅、孙其昂，2018；马超，2019）；第二，思想政治教育的学科竞争力研究（戴锐，2019；石书臣，2019；骆郁廷，2019）；第三，大数据在思想政治教育中的应用研究（李怀杰、申小蓉，2019）；第四，人工智能在思想政治教育中的应用前景、价值前提、价值定位研究（常宴会，2019；林峰，2020）；第五，思想政治教育工作实践的新探索研究（王新刚，2019；刘朝阁，2019；耿步健、葛琰芸，2019；巩茹敏、林铁松，2019；成媛、张鲲，2020）。

以上是对近年来思想政治教育研究取向的总体观照。以下复以思想政治教育心理学为例，从此一分支学科层面管窥学科的发展状况。截至目前，思想政治教育心理学"教材及著作至少13部①，发表以"思想政治教育心理学"为篇名的论文59篇（含书评）、博士论文1部，另有以不同名称出版的相关理论著作10余部。在这9部教材中，其中1部编于20世纪80年代（邱伟光、程延文、周东兵，1988），4部编于20世纪90年代（郭崇岳，1993；陈大柔、丛杭青，1995；国家教委思想政治工作司，1996；杨芷英、王希永，1999），4部出版于2000~2010年（姜相志，2000；张云，2001；胡凯、荣复康，2005；张绪元等，2009）；4部编于2011~2020年（杨芷英，2014、2019；王仕民，2015；杨玉宇、张燕、郑晓琴、王海云，2017）。在这59篇论文中，最早的研究发表于1993年，2000年以前仅有论文2篇；2001~2010年共有论文8篇；2011年至2020年初共有论文49篇。博士论文则是2011年以后的成果（李术红，2014）。

以此一偏，窥总体之全，可见近年来思想政治教育学科渐趋科学化、规范化、严谨化，越来越多的西方哲学、社会学、政治学、媒介学视角加入学科研究中，学科分支越来越细化，学科理论自觉更加明显。

---

① 当然还有许多类似的"思想政治工作心理学""思想教育心理学""德育心理学"等教材及著作。

究极言之，本书属于思想政治教育基本理论的探讨，同时亦涉及思想政治教育心理学这一学科领域，是在这两个框架下展开的一种探索。本书的核心观点是，思想政治教育本质上是一种教化理论的教化实践，思想政治教育效果的达成要看客体的认同度，而"化"与"认同"正构成思想政治教育实践中一对最根本的矛盾。思想政治教育工作实践不断提升的过程，就是"化"与"认同"这对矛盾不断成功解决的过程。思想政治教育要想深化自身的理论根基，促进实践工作的科学性、有效性，需从根本上促进"化"与"认同"这对矛盾的不断成功解决。其中，"化"是资源，是方法、路径；"认同"则是思想政治教育效力的考量标准，同时亦是个体思想的形成机制。而且唯有在此基础上，采用恰切的化导方式、化除方法才能促进个体思想观念的化转、变化，促进思想政治教育效果的积极达成。如是，需在深识思想政治教育基本理论的基础上，在对思想政治教育客体心理与主体工作经验的充分收集、梳理与抽取基础上，架构更具解释效力、更具主体间性的思想政治教育心理学，并深化思想政治教育学科的元理论。当然理论应从经验中来，应从真实的工作实践中来，亦应从客体真实的情感变化、观念化转、内隐认同的经验真实中提炼更具解释效力的真理论。于斯之外，我们更应充分承认此工作实践可能带来的间接影响、复杂性后果、辩证效应。唯有在此真实且坚实的基壤上，才有学科的真生命与真发展。

参考文献

（一）字典类

［1］任超奇．新编古汉语常用字字典［M］．武汉：崇文书局，2006．

［2］《古代汉语词典》编写组．古代汉语词典［M］．北京：商务印书馆，1999．

［3］徐中舒．甲骨文字典［M］．成都：四川辞书出版社，2006．

［4］张双棣，陈涛．古代汉语字典［M］．北京：北京大学出版社，1998．

（二）图书类

［1］［奥地利］阿尔弗雷德·阿德勒．超越自卑［M］．陈美锦，译．上海：上海三联书店，2016．

［2］［美］艾·弗洛姆．自我的追寻［M］．孙石，译．上海：上海译文出版社，2012．

［3］［英］安东尼·吉登斯．失控的世界——全球化如何重塑我们的生活［M］．周红云，译．南昌：江西人民出版社，2001．

［4］［英］安东尼·吉登斯．现代性与自我认同［M］．赵旭东，等

译．北京：生活·读书·新知三联书店，1998．

[5] [法国] 贝尔纳·斯蒂格勒．技术与时间——爱比米修斯的过失 [M]．裴程，译．南京：译林出版社，2000．

[6] 蔡仁厚．中国哲学大纲 [M]．长春：吉林出版社集团有限责任公司，2009．

[7] 陈鼓应．管子四篇诠释 [M]．北京：商务印书馆，2009．

[8] [英] 大卫·帕金瀚．童年之死——在电子媒体时代成长的儿童 [M]．张建中，译．北京：华夏出版社，2005．

[9] 樊志辉．马克思哲学与中国现代哲学的展望 [M]．哈尔滨：黑龙江大学出版社，2011．

[10] 樊志辉．牟宗三思想研究 [M]．哈尔滨：黑龙江大学出版社，2012．

[11] 樊志辉，王秋．当代中国伦理变迁 [M]．北京：中国社会科学出版社，2012．

[12] 孟子．孟子 [M]．2版．方勇，译注．北京：中华书局，2015．

[13] [奥地利] 弗洛伊德．自我与本我 [M]．北京：九州出版社，2014．

[14] 高申春．人性辉煌之路——班杜拉的社会学习理论 [M]．武汉：湖北教育出版社，2000．

[15] [法] 古斯塔夫·勒庞．乌合之众 [M]．3版．冯可利，译．桂林：广西师范大学出版社，2015．

[16] [德] 海德格尔．形而上学导论 [M]．熊伟，王庆节，译．

北京：商务印书馆，1996.

[17]［美］赫伯特·马尔库塞．单向度的人——发达工业社会意识形态研究［M］．刘继，译．上海：上海译文出版社，2006.

[18] 何景熙，王建敏．西方社会学说史纲［M］．成都：四川大学出版社，1995.

[19] 胡适．中国哲学史大纲［M］．长沙：岳麓书社，2010.

[20] 贾春增．外国社会学史（修订本）［M］．北京：中国人民大学出版社，2000.

[21] 江宜桦．自由主义、民族主义与国家认同［M］．台北：扬智文化事业股份有限公司，1998.

[22] 姜涛．管子新注［M］．济南：齐鲁书社，2009.

[23]［美］雷蒙德·保罗·库佐尔特，艾迪斯·W·金．二十世纪社会思潮［M］．张向东，等译．北京：中国人民大学出版社，1991.

[24] 黎民，张小山．西方社会学理论［M］．武汉：华中科技大学出版社，2005.

[25] 李景林．教养的本原——哲学突破期的儒家心性论［M］．沈阳：辽宁人民出版社，1998.

[26] 李景林．教化的哲学——儒家思想的一种新诠释［M］．哈尔滨：黑龙江人民出版社，2006.

[27] 刘少杰．后现代西方社会学理论［M］．北京：社会科学文献出版社，2002.

[28] 刘基．高校思想政治教育论［M］．北京：中国社会科学出版社，2006.

[29] 陆庆壬. 思想政治教育学原理 [M]. 上海：复旦大学出版社, 1986.

[30] 罗洪铁, 董娅. 思想政治教育原理与方法基础理论研究 [M]. 北京：人民出版社, 2005.

[31] 马克思, 恩格斯. 马克思恩格斯选集（第2卷）[M]. 北京：人民出版社, 1980.

[32] 马克思, 恩格斯. 马克思恩格斯选集（第2卷）[M]. 北京：人民出版社, 1972.

[33] 马克思, 恩格斯. 马克思恩格斯全集（第12卷）[M]. 北京：人民出版社, 1980.

[34]［美］曼纽尔·卡斯特. 网络社会——跨文化的视角 [M]. 周凯, 译. 北京：社会科学文献出版社, 2009.

[35]［法］H. 孟德拉斯. 农民的终结 [M]. 李培林, 译. 北京：社会科学文献出版社, 2005.

[36]［美］尼尔·波兹曼. 技术垄断——文明向技术投降 [M]. 蔡金栋, 梁薇, 译. 北京：机械工业出版社, 2013.

[37]［美］尼尔·波兹曼. 娱乐至死 [M]. 章艳, 吴燕莛, 译. 桂林：广西师范大学出版社, 2009.

[38] 倪钢. 技术哲学新论 [M]. 北京：中国环境科学出版社, 2009.

[39] 彭华民. 人类行为与社会环境 [M]. 3版. 北京：高等教育出版社, 2016.

[40]［英］齐格蒙特·鲍曼. 全球化——人类的后果 [M]. 郭国

良,徐建华,译. 北京:商务印书馆,2013.

[41] 钱穆. 中国学术思想史论丛 [M]. 北京:生活·读书·新知三联书店,2009.

[42] 钱穆. 论语新解 [M]. 2版. 北京:生活·读书·新知三联书店,2005.

[43] 钱穆. 庄老通辨 [M]. 北京:生活·读书·新知三联书店,2002.

[44] 钱穆. 晚学盲言(上、下)[M]. 桂林:广西师范大学出版社,2004.

[45] 钱穆. 朱子学提纲 [M]. 北京:生活·读书·新知三联书店,2002.

[46] [英]苏珊·布莱克摩尔. 谜米机器 [M]. 高申春,等译. 长春:吉林人民出版社,2001.

[47] [美]乔恩威特. 社会学的邀请 [M]. 林聚任,等译. 北京:北京大学出版社,2008.

[48] 童星. 现代社会学理论新编 [M]. 南京:南京大学出版社,2003.

[49] [挪威]托马斯·许兰德·埃里克森. 全球化的关键概念 [M]. 周云水,等译. 南京:译林出版社,2012.

[50] [魏]王弼. 老子道德经注 [M]. 楼宇烈,校释. 北京:中华书局,2011.

[51] 王利器. 文子疏义 [M]. 北京:中华书局,2000.

[52] 王成兵. 当代认同危机的人学解读 [M]. 北京:中国社会科

学出版社, 2004.

[53] 汪新建. 人类行为与社会环境 [M]. 2版. 天津: 天津人民出版社, 2016.

[54] [台湾] 韦政通. 中国的智慧 [M]. 长春: 吉林文史出版社, 1988.

[55] 文军. 西方社会学理论——经典传统与当代转向 [M]. 上海: 上海人民出版社, 2006.

[56] [德] 乌尔里希·贝克. 风险社会 [M]. 何博闻, 译. 南京: 译林出版社, 2004.

[57] 吴国盛. 技术哲学读本 [M]. 上海: 上海交通大学出版社, 2008.

[58] 许良. 技术哲学 [M]. 上海: 复旦大学出版社, 2004.

[59] [战国] 荀况. 荀子全译 [M]. 蒋南华, 罗书勤, 杨寒清, 注译. 贵阳: 贵州人民出版社, 1995.

[60] 叶浩生. 心理学理论精粹 [M]. 福州: 福建教育出版社, 2000.

[61] 阎云翔. 私人生活的变革 [M]. 上海: 上海人民出版社, 2017.

[62] 杨伯溆. 全球化——起源、发展和影响 [M]. 北京: 人民出版社, 2002.

[63] 杨善华. 当代西方社会学理论 [M]. 北京: 北京大学出版社, 1999.

[64] [以色列] 尤瓦尔·赫拉利. 未来简史 [M]. 林俊宏, 译.

北京：中信出版社，2017.

[65]［美］D. P. 约翰逊. 社会学理论［M］. 南开大学社会学系，译. 北京：国际文化公司出版社，1988.

[66] 约翰·鲍尔比. 安全基地——依恋关系的起源［M］. 余萍，刘若楠，译. 北京：世界图书出版公司，2017.

[67]［美］约翰·马尔科夫. 人工智能简史［M］. 郭雪，译. 杭州：浙江人民出版社，2017：29.

[68] 张岱年. 中国哲学大纲［M］. 南京：江苏教育出版社，2005.

[69] 张耀灿，郑永廷. 现代思想政治教育学［M］. 北京：人民出版社，2001.

[70] 张觉. 荀子译注［M］. 上海：上海古籍出版社，2012.

[71] 郑永廷. 思想政治教育方法论［M］. 北京：高等教育出版社，1999.

[72] 周国平. 岁月与性情［M］. 3版. 北京：人民文学出版社，2012.

[73]［荷］简·梵·迪克. 网络社会——新媒体的社会层面［M］. 蔡静，译. 北京：清华大学出版社，2014.

(三) 论文类

[1] 朱新均，本刊记者. 开办思想政治教育专业是一项具有历史意义的创举——访问本刊顾问、国家教育咨询委员会委员朱新均［J］. 思想理论教育导刊，2014（4）：4-7.

[2] 陈荣仙. 对重组家庭儿童教育成长问题的探索［J］. 科学咨询

（教育科研），2016（5）：24.

[3] 陈天翼. 论思想政治教育过程中的激励机制 [J]. 湖南师范大学教育科学学报，2004（3）：36-38.

[4] 陈雪娇，庞立生. 历史唯物主义与消费社会的现代性批判 [J]. 广西社会科学，2019（7）：106-110.

[5] 陈宗章，尉天骄. 思想政治教育范式转型的"教化论"审视 [J]. 学术论坛，2011（2）：68-71.

[6] 崔新建. 文化认同及其根源 [J]. 北京师范大学学报（社会科学版），2004（4）：102-104，107.

[7] 董丽丽. 娱乐至死的物种——个体在泛娱乐化时代的倾向性狂欢 [J]. 传播力研究，2018（24）：163-164.

[8] 董雅华. 政治认同：合法性与思想政治教育 [J]. 思想·理论·教育，2002（3）：7-9.

[9] 方旭光. 政治认同：思想政治教育的目标取向 [J]. 思想·理论·教育，2006（1）：7-12.

[10] 冯安华. 未来的学校是什么样？[J]. 中小学信息技术教育，2018（Z1）：27-29.

[11] 傅祥炜. 电子游戏中的虚拟消费社会 [J]. 新媒体研究，2019（10）：83-84.

[12] 付怡. 消费社会视角下的网红现象研究 [J]. 东南传播，2018（9）：92-95.

[13] 巩茹敏，林铁松. 课程思政——隐性思想政治教育的新形态 [J]. 教学与研究，2019（6）：45-51.

[14] 郭超, 王习胜. 改革开放40年来思想政治教育方法论研究概观 [J]. 广西社会科学, 2019 (3): 175-179.

[15] 郭法奇, 郑坚, 吴婵. 学校演进的逻辑及发展趋势 [J]. 教育研究, 2017 (2): 40-47.

[16] 郭灏. 思想政治教育本质研究的现状、问题与趋向 [J]. 思想教育研究, 2016 (4): 47-52.

[17] 郭一祺, 包涵. 家庭功能失衡背景下的青少年犯罪问题——以留守儿童、流动儿童为视角 [J]. 广西警察学院学报, 2019 (6): 64-68.

[18] 贺泽明. 独生子女家庭教育及其对儿童社会化的消极影响 [J]. 聊城大学学报（社会科学版）, 2007 (3): 115-116.

[19] 侯才. 有关"异化"概念的几点辨析 [J]. 哲学研究, 2001 (10): 74-75.

[20] 侯丹娟. 论思想政治教育的基本矛盾及其转化 [J]. 学校党建与思想教育, 2009 (17): 14-16.

[21] 黄丽. 城市单亲家庭对青少年人生观影响研究 [D]. 哈尔滨: 哈尔滨理工大学, 2015.

[22] 黄世虎, 陈荣明. 试论思想政治教育过程中的内化机制 [J]. 理论月刊, 2001 (3): 16-17.

[23] 黄烁, 王泽群, 刘降斌. 微信支付风险管控研究 [J]. 商业会计, 2018 (14): 79-80.

[24] 贾英健. 认同的哲学意蕴与价值认同的本质 [J]. 山东师范大学学报（人文社会科学版）, 2006 (1): 10-16.

[25] 江大伟,刘涛. 对思想政治教育基本矛盾与思想政治教育过程基本矛盾的界定 [J]. 学校党建与思想教育,2011 (10): 34-36.

[26] 蒋鸣和,肖玉敏,朱益明. 信息技术助推学校转型 [J]. 中国电化教育,2014 (5): 45-57.

[27] 靳玉军. 论思想政治教育的本质及其实践把握 [J]. 西南大学学报(社会科学版),2014 (6): 39-43.

[28] 金太军,姚虎. 国家认同——全球化视野下的结构性分析 [J]. 中国社会科学,2014 (6): 4-23.

[29] 李崇富. 马克思主义国家观和国家认同问题 [J]. 中国社会科学,2013 (9): 5-15.

[30] 李海艳. 论信息社会对人的全面发展的双重影响 [J]. 燕山大学学报(哲学社会科学版),2005 (2): 5-9.

[31] 李辉,练庆伟. 价值认同——当代大学生思想政治教育的重要取向 [J]. 学校党建与思想教育,2008 (1): 11-13.

[32] 李敏. 思想政治教育学科发展的历史回顾与前瞻——复旦大学邱柏生教授访谈录 [J]. 思想政治教育研究,2014 (6): 13-16.

[33] 李庆华,奚彦辉. 试论"认同"在思想政治教育中的作用 [J]. 思想政治教育研究,2009 (5): 25-29.

[34] 李若衡. 政治认同与高校思想政治教育的实效性 [J]. 教育评论,2013 (1): 83-86.

[35] 李晓宇. 离异家庭未成年子女自卑心理的社会工作研究 [D]. 咸阳:西北农林科技大学,2018.

[36] 李璇. 新媒体中青年亚文化对大学生价值观的影响 [J]. 思

想理论教育, 2013 (7): 64-68.

[37] 李岩. 改革开放以来思想政治教育历史发展研究的新进展 [J]. 思想理论教育导刊, 2008 (12): 27-32.

[38] 练庆伟, 李辉. 当代大学生价值认同教育的困境及路径选择 [J]. 江苏高教, 2008 (6): 108-110.

[39] 林峰. 人工智能时代思想政治教育的价值定位与发展 [J]. 思想理论教育, 2020 (1): 79-83.

[40] 林晶, 张澍军. 刍议思想政治教育的基本矛盾 [J]. 东北师大学报 (哲学社会科学版), 2010 (4): 18-21.

[41] 林雪原. 思想政治教育中意识形态政治教化功能的转变与提升 [J]. 北京交通大学学报 (社会科学版), 2011 (3): 108-113.

[42] 柳克方. 价值认同与大学生核心价值体系教育 [J]. 辽宁师范大学学报 (社会科学版), 2011 (4): 54-57.

[43] 刘波. 论思想政治教育的历史—结构化建构 [J]. 思想教育研究, 2010 (9), 25-31.

[44] 刘朝阁. 论思想政治教育中的宣传、教育及其相互关系 [J]. 思想教育研究, 2019 (8): 56-61.

[45] 刘红梅, 孙其昂. 现代性视域下思想政治教育社会哺育功能的双重逻辑探析 [J]. 南京社会科学, 2018 (7): 49-55.

[46] 刘晶波. 独生子女家庭教育的特点及其对儿童社会性发展的影响 [J]. 南京师大学报 (社会科学版), 1999 (5): 64-68.

[47] 刘奇. 新媒体环境对当代大学生价值观的影响及引导策略 [J]. 教育探索, 2013 (12): 136-137.

[48] 刘巧丽,李敏. 思想政治教育接受过程机制研究 [J]. 长江师范学院学报,2008 (4):112-116.

[49] 刘筱红,全芳. 农村留守家庭离散的生成逻辑与治理研究 [J]. 华中师范大学学报(人文社会科学版),2017 (5):11-18.

[50] 刘祖雯. 社会转型时期的文化认同与人的健康发展 [D]. 海口:海南大学,2012.

[51] 龙亚莉."娱"还是"愚"?——读《娱乐至死》[J]. 吉首大学学报(社会科学版),2009 (4):157-158.

[52] 卢景昆. 关于思想政治教育本质的再思考——基于对思想政治教育基本矛盾的反思 [J]. 探索,2012 (2):136-139.

[53] 骆郁廷. 论思想政治教育学科核心竞争力 [J]. 马克思主义理论学科研究,2019 (5):161-171.

[54] 吕梦臻. 互联网时代下的"娱乐至死" [J]. 视听,2020 (1):25-26.

[55] 闵绪国. 意识形态性——思想政治教育的本质属性 [J]. 求实,2014 (1):81-84.

[56] 马文琴. 全球化时代的国家认同教育 [J]. 教育学术月刊,2008 (10):9-13.

[57] 穆代慧子. 宋代教化与当代思想政治教育生活化研究 [D]. 昆明:云南师范大学,2014:10.

[58] 宁殿霞. 资本与生存世界金融化——《21世纪资本论》的经济哲学解读 [J]. 西南大学学报(社会科学版),2015 (5):25-31.

[59] 平章起,郭威. 当代思想政治教育主客体关系研究的困境及

其超越：从实践的视角［J］．理论学刊，2015（1）：94－101．

［60］秦敏，朱晓．父母外出对农村留守儿童的影响研究［J］．人口学刊，2019（3）：38－51．

［61］邱柏生．试论思想政治教育工作的历史转型［J］．理论探讨，2009（3）：115－119．

［62］邱柏生．关于思想政治教育基础理论创新的若干思考［J］．思想理论教育，2019（8）：11－18．

［63］邱芳，戚光远，李娜．单亲家庭对其子女的影响研究［J］．社会心理科学，2012（11）：36－38，53．

［64］任焰，周贤琴．"不学习"亚文化——流动儿童的教育隔离与主体再生产［J］．青年探索，2019（2）：87－99．

［65］佘双好，冯茜．思想政治教育学科化发展历程及发展趋向［J］．思想理论教育导刊，2014（12）：34－41．

［66］石瑛．思想政治教育过程机制研究［D］．长春：吉林大学，2008．

［67］孙其昂．论思想政治教育的现代转型——基于社会、历史、系统视野的考察［J］．思想教育研究，2007（8）：5－9．

［68］孙其昂．时代呼唤思想政治教育理论家论要［J］．思想教育研究，2019（7）：15－19．

［69］孙艳秋．思想政治教育理论自觉的学科动力学考察［J］．思想教育研究，2017（10）：17－21．

［70］唐芳云．遮蔽与解蔽——思想政治教育过程本质反思［J］．学术论坛，2014（6）：177－180．

[71] 田心铭. 简论思想政治教育的目的、培养目标和教育内容——兼评"德育非政治化"的观点[J]. 思想理论教育导刊, 2011 (6): 88-97.

[72] 王桂菊. 思想政治教育主客体关系探本——基于对思想政治教育本质的解读[J]. 学校党建与思想教育, 2012 (7): 7-10.

[73] 王恒亮, 孙其昂. 中国共产党思想政治教育历史回顾[J]. 思想教育研究, 2008 (5): 27-29.

[74] 王丽萍. 大学生对社会主义核心价值观内隐认同度的研究[D]. 重庆: 西南大学, 2010.

[75] 王冉. 警惕消费社会的异化消费[J]. 人民论坛, 2017 (25): 88-89.

[76] 王淑芹, 李文博. "思想政治教育"概念的廓清与释义[J]. 思想理论教育导刊, 2018 (8): 124-127.

[77] 王习胜. 思想政治教育方法的历史发展及其当代性问题[J]. 思想政治教育研究, 2010 (4): 62-64.

[78] 王新刚, 罗洪铁. 思想政治教育过程基本矛盾研究现状与发展探索[J]. 思想教育研究, 2011 (1): 12-14.

[79] 王新刚. 论思想政治教育亲和力及其提升[J]. 教学与研究, 2019 (8): 84-91.

[80] 王莹, 孙其昂. 思想政治教育基本矛盾"老问题"的新探索[J]. 思想教育研究, 2018 (1): 17-21.

[81] 王卓君, 何华玲. 全球化时代的国家认同——危机与重构[J]. 中国社会科学, 2013 (9): 16-27.

[82] 魏魏. 智能手机对高校思想政治教育的影响及对策探析 [J]. 巢湖学院学报, 2016 (1): 33-36.

[83] 韦诗业. 民族认同与国家认同——宏观思想政治教育学的重要论域 [J]. 湖北社会科学, 2013 (9): 182-184.

[84] 吴林龙, 王立仁. 论思想政治教育基本矛盾的展开形态 [J]. 学校党建与思想教育, 2012 (11): 4-7.

[85] 奚彦辉. 中国人文化成思想的本土心理学探究 [D]. 长春: 吉林大学, 2009.

[86] 奚彦辉. 传统"化"之观念的本土心理学探究 [J]. 赣南师范学院学报, 2009 (5): 65-67.

[87] 奚彦辉. 化与认同——思想政治教育实践机制的深层理论思考 [J]. 华北电力大学学报 (社会科学版), 2011 (2): 124-131.

[88] 奚彦辉. 大学生思想形成的认同机制探究 [J]. 思想理论教育导刊, 2011 (4): 99-102.

[89] 奚彦辉. 传统"化"之观念的哲学意蕴探究 [J]. 人文杂志, 2012 (1): 26-32.

[90] 奚彦辉. 文化认同与个体思想的内隐生成论 [J]. 江汉学术, 2013 (4): 54-59.

[91] 奚彦辉. "影响"的古义甄微及其思想政治教育解读 [J]. 理论月刊, 2015 (2): 55-59.

[92] 奚彦辉. 思想政治教育领域的价值认同研究综述 [J]. 中共福建省委党校学报, 2015 (1): 50-55.

[93] 奚彦辉. 思想政治教育"认同"概念的理论探讨 [J]. 学术

论坛，2015（4）：154-159.

[94] 谢晓娟，李文苓. 新中国成立以来思想政治教育的历史变迁与新的历史使命[J]. 教学与研究，2010（5）：74-80.

[95] 闫艳，王秀阁. 论现代思想政治教育目的观[J]. 求实，2011（1）：67-70.

[96] 杨生平. 思想政治教育目的及其实现[J]. 江汉论坛，2006（11）：115-118.

[97] 杨静慧. 家庭变迁背景下未成年人道德养成研究[D]. 徐州：中国矿业大学，2017.

[98] 杨威. 思想政治教育发生的历史考察[J]. 思想理论教育，2007（6）：15-20.

[99] 杨威. 试论当前思想政治教育专业建设中的几个矛盾[J]. 学校党建与思想教育，2016（5）：16-23.

[100] 杨威. 思想政治教育根源的人性探索[J]. 思想教育研究，2016（10）：43-51.

[101] 闫坤如，黄理稳. 技术异化的根源和规避[J]. 华南理工大学学报（社会科学版），2014（3）：63-68.

[102] 宇文利. 论思想政治教育本质：政治价值观的再生产[J]. 马克思主义与现实，2013（1）：183-188.

[103] 宇文利. 新时代思想政治教育创新之魂[J]. 思想教育研究，2019（1）：57-61.

[104] 余斌. 试论思想政治教育的目的、本质、原则和方法[J]. 中国高等教育，2011（7）：33-35.

[105] 于成学,吕哲峰,王娟. 交往实践活动与思想政治教育目的观的价值审思 [J]. 思想教育研究, 2014 (11): 20-24.

[106] 于壮源. 从教育到教化: 思想政治教育发展的新视野 [D]. 长春: 吉林大学, 2015.

[107] 张驰. 思想政治教育过程中的文化认同 [D]. 长春: 长春工业大学, 2012.

[108] 张虹, 陈恩伦. 大学虚拟化对学校教育的影响 [J]. 现代教育技术, 2018 (9): 33-39.

[109] 张苗苗. 思想政治教育的本质是核心价值观教育 [J]. 教学与研究, 2014 (10): 90-96.

[110] 张同兵. 从消费意识形态到符号操控——鲍德里亚对消费社会的批判 [J]. 山西师大学报(社会科学版), 2015 (5): 27-31.

[111] 张西平. 论思想政治教育的基本矛盾及其解决的途径 [J]. 学习论坛, 2003 (8): 44-46.

[112] 张夏. 新媒体对大学生价值观建构的影响及教育路径研究 [J]. 学校党建与思想教育, 2013 (3): 69-71.

[113] 张颖慧. 新媒介环境下的"娱乐至死"——以抖音 App 为例 [J]. 新闻研究导刊, 2019 (12): 84-85.

[114] 张耀灿, 曹清燕. 论马克思主义人学视野中思想政治教育的目的 [J]. 马克思主义与现实, 2007 (6): 169-171.

[115] 赵福奎. 思想政治教育目的及其实现 [J]. 中国教育学刊, 2014 (11): 157-158.

[116] 郑永廷. 思想政治教育学科发展的历史与现状——兼论思想

政治教育学科基础理论的发展［J］．思想教育研究，2002（6）：9－13．

［117］周倩．新媒介时代下的娱乐至死［J］．视听，2017（10）：17－18．

［118］［日］佐藤学．21世纪学校改革的方向［J］．人民教育，2014（1）：31－35．

后 记

　　时光荏苒，光阴似箭，转眼间已过不惑之年，于斯不禁要感叹时间流逝之飞快。但是人又不应停留于感叹，而应积极有所作为。毕竟，世间唯一不变的就是"变"本身，我们所能做的就是与时俱化，以昂然之态、笃实之功实现生命的价值意义。往圣先哲为我们昭示生命之路向：孔夫子力倡"智者不惑，仁者不忧，勇者不惧"，主张下学而上达，成己成物，以君子之风促进人的陶染化变；亚圣孟夫子则以大丈夫的浩然之气，化染着无数后人的自我挺立与价值担当，激励着士人于忧患中的警醒、自觉与作为；宋儒陆九渊更是倡言，"即使某大字不识一个，亦还需堂堂正正地做一个人"，要人在人生路途上做出基于良知的抉择。往圣先贤，谆谆切切，莫不要实现"人"在天地间的挺立，践行先知导后知的社会使命，薪传文化大生命的不息不已。往圣先哲深感化民之不易、化人之艰、化己化性之难，故讲万物曲成，亦讲尽心、尽性、虚心涵养。《大学》开篇即讲修齐治平、内圣外王之道，以修身、正心、诚意、致知、格物工夫，涵养自己的人格、智慧与正气，践行化己、化人、化民、化天下的愿景。

　　往圣先哲倡传的理念深具德行感召力，值得吾辈效法传扬。但我们亦不应忘记，先哲思想的提出乃是在古代农业社会的背景下，是在古代等级制社会、简单社会背景下的一种化民愿景与实践构想；我们不应忽视，往圣先哲的化育理念更多是一种应然之态，但却对个体希微、窈渺、具体材性与智能局限缺乏充分的揭显，缺乏对人际影响的足够体察。当然，我们亦不应忽视当下时空的抽离、全球化影响、个体成才常态模式的解离、新技术新媒介的复杂重构与交织、人与"超"人类生命体的共生共存将对"人"及"人类"产生怎样的影响？将对人及人的观念产生怎样的影响？又将对人的类存在产生怎样的影响？这是我们人类命运共同体在当下不能不关注的。

当然，问题本身并不可怕，面对如是之问题，更重要的是我们能够不因学科而回避问题、抹杀问题，不因界限而切割现象、切割问题。我们需承认：人类已非简单社会的原住民，此点既值得庆幸，同时亦值得警思。人类已进入到一个全新的复杂社会，故不能再以工业时代专以切割为己任的学科来理解这个时代，理解这个时代的人与人的问题。我们需承认，当下时代的变化已远超出常人的想象，人们所乘坐的已远不是蒸汽机车，亦不是拥挤异常的绿皮火车，我们是身处变化"指数化"时代的旅居者。在这样的时代，更需要人的想象力，需要个体与变随化、与时俱化的能力。当然，我们更需从整体层面理解变化，理解变化了的未来，理解变化的时代"人"的需要、人的观念、人的存在与人的问题。如是，在我们的时代不仅需要新工科，而且更需要新文科——需要实质而非表面化的新文科；不仅需要新文科，而且更需要新通科，需要以多学科的视角省思我们的时代，省思我们时代的问题，省思我们时代的社会与人。

故对于现时代的"问题"把握必融入多学科的视角，借鉴多元的致思路径。如是，在这样一个全新的时代，就需要把握细微的能力，需要超越细节遮蔽，超越物见管径而通晓全景的能力。但此点在学科高度分化的今天却正变得愈发困难，这是因为，俗见常或认为学科是唯一的视角，学科之所见乃是唯一正确的见解。然愈是这样，我们愈需彻思，当"学"成为"术"而不再是"问"，就意味着一种桎梏，而"学"之真正发展又不得不打破此桎梏，超越此桎梏。

本书的写作缘起于偶然。本书的部分章节曾出现在此前的一些著作及论文中：本书第三章第一、二节，经黑龙江大学出版社的同意放置于此；第三章第三节曾发表于《理论月刊》（2015年第2期）；第四章的不同部分曾先后刊发于《学术论坛》（2015年第4期）、《中共福建省委党校学报》（2015年第1期）、《知与行》（2016年第3期），当然亦有部分曾发表于《思想理论教育导刊》《思想政治教育研究》《华北电力大学学报》（社会科学版）和《江汉学术》，本人对这些文字又进行了多次润饰完善。而对于书中尚存的偏失与不足，还诚待专家学者批评指正。

在少年求学历程中，许多师长曾给本人以感动。首先要感谢冯秀范老师。冯老师是我中学时代的班主任，冯老师为人严厉、正直、慈厚，初中时期，正是由于冯老师的谆谆教诲与不懈鼓励，才使本人顺利入读高中。同时亦感谢柳淑环老师，正是在她严厉的督促与偶尔的夸奖中，让我保持了学习的不懈动力。感谢我的高中班主任李雅清老师。李老师为人优雅、和蔼、睿智、善良。正是李老师的照顾与帮助，使我在高中时代保有充分的信心。同时正因为李老师，我选择留在了文科班。转眼间，中学时代已过去二十余载，回首年少往事，有很多感动、感激，更有许多温暖留在心间。

　　此外,另有许多师长对自己有培育、化导、教诲之恩,本人挚为感念:首先,感谢我的导师高申春先生。先生渊博至哲,卓思明睿,学养至深。正是先生的培蒙导正、谆谆化诲,将我导入学术之门,进入学术殿堂。其次,还要感谢如下各位老师:感谢王为正老师,您的殷切关怀、挚诚关心、培植后学令学生深深感动;感谢李庆华老师,感谢李老师在工作及生活方面无微不至地关心帮助与指导提携;感谢刘雨春老师,您的正直善良、热心关怀,至今令我心存感念;感谢王艳华老师,感谢王老师的热诚帮助与温暖化诲。

　　最后,还要特别感谢光明日报出版社负责本书的编辑。正是在编辑老师的热忱帮助下使本书列入"光明社科文库",感谢编辑老师为本书不辞辛劳、反复勘校,才使本书得以高质量地完成并顺利出版。